Ludwig SCHNEIDER

Israel als Herausforderung

Warum Israel für Christen so wichtig ist

SCM Hänssler

SCM

Stiftung Christliche Medien

2. Auflage 2009
Bestell-Nr. 394.859
ISBN 978-3-7751-4859-7

© Copyright der deutschen Ausgabe 2008 by
SCM Hänssler im SCM-Verlag GmbH & Co. KG · 71088 Holzgerlingen
Internet: www.scm-haenssler.de
E-Mail: info@scm-haenssler.de
Umschlaggestaltung: Jens Vogelsang, Aachen
Titelbild & Satz: Larisa Kaplan, Jerusalem
Druck und Bindung: CPI – Ebner & Spiegel, Ulm
Printed in Germany

Sofern nicht anders angegeben, sind die Bibelstellen entnommen aus:
Die Heilige Schrift übersetzt von Hermann Menge. Neuausgabe,
© 1994 Deutsche Bibelgesellschaft, Stuttgart.

INHALT

VORWORT

Ich habe als israelischer Journalist und Kriegsberichter-statter immer über das berichtet, was ich als Augenzeuge vor Ort erlebt habe. Mittlerweile habe ich aber erkannt, dass es nicht ausreicht, nur objektiv über das Geschehen in und um Israel zu berichten, sondern es gehört auch eine perspektivische Antwort auf die Frage „Wie geht es weiter?" dazu. Eine solche Antwort kann man nur im Licht der Bibel geben.

Da ich in Jerusalem lebe, liegt es nahe, sich auf die Verheißung Gottes zu berufen, dass „von Zion Belehrung ausgeht und das Wort des HErrn von Jerusalem" (Jesaja 2,3). So finden Sie in diesem Buch mehr als nur aktuelle Informationen, Sie finden hier biblische Richtlinien für das Verhältnis zwischen Juden und Christen, die für je-den, der es ernst meint, zur Herausforderung wird.

Ludwig Schneider, Jerusalem

JUDEN und CHRISTEN –
was uns trennt und vereint

Es gibt Christen, die nur das wahrnehmen, was uns vom Judentum trennt und andere, die in den Juden euphorisch „ihre" Familie sehen, zu der sie gerne gehören möchten. Es ist wie mit dem halben Glas Wein. Der Eine sagt: „Es ist halb leer" und der Andere: „Es ist halb voll". Der Eine sieht im Judentum und dem Christentum verschiedene, manchmal sogar gegensätzliche Religionen und der Andere sieht in Juden und Christen Glaubenszwillinge.

Zur Zeit Jesu, der Apostel und der ersten Urgemeinde gab es noch keine vom Judentum getrennte christliche Kirche, sondern die gemeinsame Basis war das Glaubensbekenntnis zu dem einzigen und alleinigen Gott, das in 5. Mose 6,4 überliefert ist und das auch Jesus Christus in Markus 12,29 lehrt: „Schma Israel, JHWH (Adonai) Eloheinu, JHWH (Adonai) echad", was übersetzt heißt: „Höre, Israel: Der HErr ist unser Gott, der HErr allein". So haben Juden und Christen eine gemeinsame Glaubenswurzel, die beide nicht nur trägt, sondern auch nährt.

Die ersten Christen versammelten sich nach ihrem Pfingsterlebnis täglich im Tempel. Obwohl sie nach dem Pfingsterlebnis „voll Heiligen Geistes" waren, spalteten sie sich nicht vom Judentum ab (Apostelgeschichte 2). Nur das Abendmahl feierten sie separat in ihren Häusern. Ansonsten feierten sie die biblisch-jüdischen Feste und ließen als messianische Juden ihre Knaben beschneiden. Auch darin folgten sie Jesu Beispiel, der wie alle anderen jüdischen Knaben am achten Tag nach seiner Geburt beschnitten worden war (Lukas 2,21).

Vor der Residenz des israelischen Ministerpräsidenten in Jerusalem steht ein abgesägter Baumstumpf. Das Besondere an ihm ist, dass aus diesem alten Baumstumpf zwei gleich große kräftige Jungstämme herauswachsen, die von ein und derselben Wurzel getragen und genährt werden. Sie erinnern mich daran, dass es, als 1948 die Unabhängigkeit des Judenstaates Israel ausgerufen wurde, genau zwölf namentlich bekannte messianische Juden in Israel gab. Einer davon war Abram Poljak. Dass es nicht elf oder dreizehn, sondern genau zwölf waren, wurde durch die Recherchen verschiedener Institute belegt. Das norwegisch-lutherische *Caspari Center* gab über Israels messianische Juden das Nachschlagewerk *Facts & Myths about the Messianic Congregations in Israel* heraus.

So sprossen in ein und demselben Jahr aus dem alten Wurzelstumpf zwei gleich große Stämme, das heißt, Gott machte in demselben Jahr, in dem er mit dem Volk Israel einen politischen Neuanfang machte, auch wieder mit zwölf Jüngern Jesu in Israel einen neuen Gemeindeanfang. Dieser Baum verdeutlicht gleichnishaft, dass Juden und Christen in den Augen Gottes eine heilsgeschichtliche Einheit sind, die nun wieder zu dem wird, was sie vor 1900 Jahren war.

Leider gab es in der Geschichte immer wieder leidvolle Bemühungen, die Juden und Christen auseinanderhalten wollten. Diese gingen sowohl von jüdischer als auch von christlicher Seite aus. Ebenso wie jüdische Zeloten Stephanus wegen seines Glaubens an Jesus gesteinigt haben, forderten später christliche Kirchenväter wie zum Beispiel der heiliggesprochene Ignatius im zweiten Jahrhundert die hellenistischen Christen auf, Juden und auch Judenchristen, weil sie noch nach „Judenart" ihren Glauben lebten, wie „stinkenden Unrat" und „wilde Tiere" zu meiden (Tert. de paesc. haer. 4,6f).

Diesen gnadenlosen Kampf gegen Juden und Judenchristen (!) führte im dritten Jahrhundert auch der heiliggesprochene Bischof Cyprian. Er bezeichnete in seinem 69. Brief Juden und Judenchristen als Feinde des Herrn Jesus, denen man „nicht einmal Brot zu essen und Wasser zu trinken geben dürfe, geschweige denn das heilbringende Wasser der Taufe: Es sei daher gerecht, diese Judenpest und dieses Geblök zu vernichten, damit sie die wahre Kirche nicht beschmutzen". All dies geschah noch bevor Kaiser Konstantin im Jahre 325 die christliche Gemeinde zur Staatskirche erhob, also zu einer Zeit, als die Christen selbst noch von den Römern verfolgt wurden.

Für die Trennung zwischen Juden und Christen waren nicht in erster Linie die Juden, die mittlerweile unter alle Völker zerstreut waren und daher machtlos waren, verantwortlich, sondern vor allem die nichtjüdischen Christen. Sie schämten sich ihrer jüdischen Glaubensherkunft und wollten außerdem durch ihre Hetzkampagne gegen Juden den starken Zulauf von Römern und Griechen zum Judentum bremsen. Das bezeugt auch der jüdische Historiker Josephus Flavius (37–105 n. Chr.) in seinen „Jüdischen Altertümern": „Seit langer Zeit legen die Massen ein brennendes Verlangen an den Tag, unsere religiösen Praktiken anzunehmen", denn die jüdische Lehre mit ihrem Monotheismus strahlte im Vielgötterheidentum der anderen Völker einen „Charme" – so Flavius – aus, der zur Verbreitung des Judentums führte. Die hellenistischen Christen betrachteten das als Konkurrenz. Die Heiden konvertierten zwar nicht zum Judentum, galten aber als jüdisch orientierte „Gottesfürchtige".

Da die Heidenchristen gegenüber den Judenchristen in der absoluten Mehrheit waren, lag es auf der Hand, dass die Judenchristen, angeführt vom „Bischof der Beschneidung", wie die Oberhirten der Judenchristen damals genannt wurden, bald von der Bildfläche verschwanden. So wie der jüdische Zweig durch die Zerstreuung unter alle Völker verschwand, verschwand auch der judenchristliche Zweig. Es blieb nur ein tot aussehender jüdischer Baumstumpf übrig. Aus diesem Eindruck wurde die Irrlehre abgeleitet, dass die Kirche nun an die Stelle Israels getreten sei. Doch dieser alte Baumstumpf trieb unerwartet neue Zweige: Das seit 1900 Jahren tot geglaubte Volk Israel und die messianische Gemeinde erwachten zu neuem Leben. Diese Entwicklung wollen aber viele Kirchen nicht wahrhaben. Daher erkennen sie auch den Staat Israel nicht an. Einen Judenstaat darf es gemäß ihrer Ersatztheologie nicht geben, da sie lehren, dass die Kirche an die Stelle Israels getreten sei.

Um an ihrer Irrlehre, der sogenannten Ersatztheologie (*replacement theology*) festhalten zu können, ignorieren diese Kirchen die biblischen Verheißungen, die in Erfüllung gehen. Allen voran die Verheißung von der Heimkehr der Juden aus aller Welt nach Zion – und das obwohl der Allmächtige in Jeremia 31,10 sagt: „Vernehmt das Wort des HErrn, ihr Völker, und verkündet in den fernsten Meeresländern folgende Botschaft: ‚Er, der Israel zerstreut hat, sammelt es wieder und hütet es wie ein Hirte seine Herde!‘“, was der HErr in Hesekiel 36,24 noch bekräftigt: „Ich will euch also aus den Heidenvölkern herausholen und euch aus allen Ländern sammeln und euch in euer Land zurückbringen". Der besitzanzeigende Begriff „*euer*" zeigt an, wem dieses Land gehört. Es gehört demnach nicht den Palästinensern, sondern dem jüdischen Volk. Und das Wort „*zurück*bringen" macht unmissverständlich klar, dass der HErr die Juden an den Ort zurückbringt, von dem er sie vertrieben hat. Das sind nicht die USA oder Deutschland, sondern es ist allein das Land Israel.

Die Sehenden unserer Generation sind Augenzeugen. Sie sehen, wie das wieder zusammenfindet, was zusammengehört, denn das jüdische Volk und das jüdische Land gehören zusammen. Das Eine kann ohne das Andere nicht zur Entfaltung kommen. So wie das Land Israel ohne das Volk Israel zur Wüste wurde, wurden auch die Juden ohne ihr Land in der Diaspora zu einer Spottfigur, so wie Gott es in 5. Mose 28,37 vorausgesagt hat. Ebenso gehören Juden und Christen zusammen, um fruchtbar sein zu können. Der Mensch kann nicht lösen, was Gott zusammengefügt hat. Der Mensch konnte zwar das jüdische Volk und sein Land sowie Juden und Christen für eine gewisse Zeit trennen, aber nicht endgültig entzweien.

Leider wird das Wort „Einheit" häufig falsch verstanden. Einheit bedeutet nicht Eintönigkeit, sondern Harmonie in der Vielfalt. So ergeben erst verschiedene Stimmen den in Harmonie vereinten, gemischten Chor. Von diesem Chor ist in Offenbarung 15 verheißen, dass Juden und Christen einmal gemeinsam das alttestamentliche „Lied des Mose" und das neutestamentliche „Lied des Lammes" singen werden. Ebenso wohnen im himmlischen Jerusalem Juden und Christen in gottgewollter Harmonie zusammen. Dies wird in der Offenbarung in Kapitel 21 deutlich: Die Tore der ewigen Stadt tragen die alttestamentlichen Namen der zwölf Stämme Israels und die Grundsteine die neutestamentlichen Namen der zwölf Apostel des Lammes. Daher ist es gut, sich jetzt schon aufeinander einzustimmen und aneinander zu gewöhnen.

Ich weiß nicht, wer hier noch von Trennung reden kann? Vergessen wir nicht: Nicht was wir heute sind, sondern was wir gestern waren, werden wir in Zukunft wieder sein, denn Juden und Christen waren einmal zusammen und werden wieder zusammen sein, denn sie sind von Gott füreinander bestimmt: Juden und Christen sind die beiden Beine des messianischen Leibes. Wer die Juden ablehnt, amputiert den Messias. Das ist auch der Grund dafür, dass viele Kirchen „humpeln", dass es bei ihnen nicht wirklich vorwärts geht. Ihre Aktionen, die man heute *ac-*

tion nennt sind Schaukelstuhlbewegungen, die zwar viel Bewegung schaffen, sie aber nicht voranbringen. Denn es fehlt ihnen die biblisch-orientierte Verbindung zur Wurzel ihres Glaubens und damit auch zu Israel. Daher müssen wir alles meiden, was Juden und Christen trennt, aber alles tun, was Juden und Christen vereint.

Unsere Nachkriegsgeneration sieht das Verhältnis zu den Juden oft leider nur im Schatten der Judenverfolgungen mit dem schrecklichen Finale des Holocausts. Doch es gab auch Zeiten, in denen Juden und Christen als Freunde zusammenlebten, auch wenn sie nach außen hin unterschiedliche Glaubenstraditionen pflegten.

Obwohl schon vor der Zerstörung Jerusalems und des Tempels durch die Römer (70 n. Chr.) viele Juden freiwillig in der Diaspora lebten, unter anderem in Rom, Alexandria, Griechenland und Spanien, vollzog sich die eigentliche Vertreibung der Juden unter alle Völker erst zur Regierungszeit des römischen Kaisers Hadrian nach der Niederschlagung des jüdischen Bar-Kochba-Aufstandes im Jahre 135 n. Chr. Nachdem Kaiser Hadrian das Land Israel in „Palaestina" (Philisterland) und Jerusalem in „Aelia Capitolina" umbenannte, um damit über den Gott Israels zu triumphieren, der diesem Land ausdrücklich den Namen „Israel" gegeben hatte, musterte Rom am Ende des römisch-judäischen Krieges seine in Judäa stationierten Soldaten aus. Rom hatte von 66 bis 135 n. Chr., d.h. 69 Jahre lang um Israel und Jerusalem kämpfen müssen. Das war Roms längster Krieg gegen nur *ein* Volk. Die römischen Söldner erhielten ein

Drittel ihres Soldes in Form von Landparzellen irgendwo im römischen Reich, ein Drittel erhielten sie in barer Münze und ein Drittel in Form von Sklaven aus dem eroberten Judäa. Die Verteilung der jüdischen Sklaven vollzog Hadrian im *Hain Mamre* bei Hebron, genau an dem Ort, wo die Geschichte des jüdischen Volkes begonnen hatte (1. Mose 13,18 u. 18,1), um damit den endgültigen Sieg über das von Gott auserwählte Volk Israel zu proklamieren. Auf diese Weise kamen die Juden als Sklaven der römischen Söldner u.a. auch nach Germanien und Helvetien, zum Beispiel nach Trier, Köln und Bern.

Da die Söldner nur ihr Kriegshandwerk beherrschten, überließen sie ihren jüdischen Sklaven den Geschäftsbereich. Davon profitierten nicht nur die ehemaligen Söldner, sondern auch ihre Umgebung, denn die Juden brachten ihre weltweiten Beziehungen mit ins Spiel. So erfreuten sich die Juden großer Beliebtheit, denn sie waren Ärzte, Kaufleute und Advokaten. Daher forderte Kaiser Konstantin, dass man Juden in die Stadträte berufen solle, da sie der Stadt von großem Nutzen seien.

Die Juden lebten schon lange in einem Staat mit einer Regierung und einer geregelten Gesetzgebung, bevor die Deutschen und die Helvetier begonnen hatten, überhaupt ein Volk zu werden. Erst unter Mitwirkung der Juden wurden aus den römischen Garnisonen in Germanien und Helvetien richtige Städte. Und wie in Spanien gab es auch in Germanien und Helvetien ein „goldenes Zeitalter", in dem Juden und Nichtjuden prächtig zusammenlebten.

Weil die Juden in Anlehnung an Gomers Sohn Aschkenas das unbekannte Volk der biblischen Völkertafel (1. Mose 10,3) „Aschkenas" nannten, was übersetzt „feuerrotes Zeichen" bedeutet, hießen später die deutschen bzw. nordeuropäischen Juden Aschkenasim, im Gegensatz zu den spanischen Juden, die Sepharadim genannt wurden.

Der positive Einfluss der Juden war auch am Hof Karls des Großen in Aachen spürbar. So sandte Karl der Große im Jahre 797 n. Chr. seine Edelleute Lantfried und Sigismund zusammen mit dem Juden Isaak nach Bagdad zum Kalifen Harun al-Raschid, um zwischen Germanien bzw. Kaiser Karls Europa und dem Orient Handelsbeziehungen aufzubauen. Die beiden Edelleute überlebten die Strapazen der Reise nicht. Nur der Jude Isaak kehrte nach fünfjähriger Odyssee mit dem Handelsvertrag, einem weißen Elefanten und reichen Geschenken in die Kaiserstadt Aachen zurück. Von da an erhielten die Karolinger bzw. Germanen aus dem fernen Orient seltene Gewürze, kostbare Stoffe und bis dahin für Europäer unbekannte Arzneien. Die Schlüsselfigur dieser ersten diplomatischen Beziehung zwischen Okzident und Orient war der Jude Isaak.

Als böse Nebenwirkung der Missionierung Germaniens zum Christentum mutierten etliche Klöster zu antijüdischen Zentren. Die Juden, die bis dahin beim Volk hoch angesehen waren, wurden nun gewaltsam zu Fremdlingen gemacht und vom Volkskörper mutwillig abgetrennt. Obwohl Christen die Meinung des anderen nicht durch Gewalt verändern dürfen, versuchte die damalige Kirche durch Zwangstaufen die Juden zum Christentum zu konvertieren. Und je mehr die Kirche an Einfluss gewann, desto antijüdischer wurde auch die Politik der Kaiser und Fürsten. Diese Tendenz setzte sich bis in unsere Neuzeit fort und ist auch jetzt noch bzw. wieder zu finden.

Zuerst gab es den religiösen Antijudaismus, dann den rassistischen Antisemitismus und neuerdings den politischen Antizionismus. Diese drei Arten sind wie die drei Gänge bei einem Auto, die je nach Lust und Laune umgeschaltet werden können, vom Antijudaismus zum Antisemitismus zum Antizionismus. Das Raubtier blieb immer dasselbe, es wechselte nur sein Fell.

Obwohl die 13 Mio Juden (Stand: 2007) weltweit nur einen Bevölkerungsanteil von 0,22 % ausmachen, sind 27 % der Nobelpreisträger Juden, das heißt 120 Mal so viele. Die Juden spielten in der Gesellschaft und Kultur, in der Wissenschaft und Medizin eine unübersehbar wichtige Rolle, bis plötzlich der Ruf aufkam: „Die Juden sind unser Unglück!" Die *Schoa*, der Holocaust, was übersetzt „Brandopfer" heißt, riss sechs Millionen Juden in den Tod. Der deutsch-nationalistische Todesengel verschonte nicht einmal Kinder. So mussten anderthalb Millionen Kinder sterben, nur weil ihre Eltern Juden waren. Damit legte sich auf Deutschland eine Schuld, die durch keine „Wiedergutmachungszahlungen" getilgt werden kann.

Dennoch vereinbarte die Bundesrepublik Deutschland auf Wunsch des katholischen Bundeskanzlers Konrad

Adenauer und des Deutschen Bundestags mit den Juden eine Wiedergutmachungszahlung in Höhe von 85 Mrd DM (heute umgerechnet etwa 45 Mrd Euro). Wenn man diese Summe jedoch durch sechs Millionen teilt, ergibt das den Betrag von 7160 Euro je ermordeten Juden. Nicht berücksichtigt sind dabei alle Immobilien, Wertgüter und Kunstschätze, die geraubt oder formell enteignet wurden. Das ist vergleichbar damit, einen Menschen auszurauben, ihn danach umzubringen und dann vor Gericht einen Freispruch für den Raubmord für 7160 Euro zu erkaufen.

Der Staat Israel erhielt von dieser Entschädigungssumme gemäß dem „Luxemburger Abkommen" drei Milliarden DM, das sind heute pro Mordopfer 250 Euro. Es ist wichtig, dass wir diese Zahlen kennen, denn man hört bereits Stimmen, die den Juden vorwerfen, finanzielle Blutsauger zu sein, die aus dem Holocaust Kapital schlagen wollen.

Je dunkler die Nacht, desto klarer leuchten die Sterne. So gab es während der nationalsozialistischen Schreckensherrschaft mutige Menschen, die Juden retteten, indem sie die Verfolgten versteckten und versorgten und dadurch ihr eigenes Leben in Gefahr brachten. Viele kennen nur den Judenretter Oskar Schindler („Schindlers Liste"), es gab aber noch viele andere. In der „Allee der Gerechten" in der Jerusalemer Holocaust-Gedenkstätte Jad Vashem findet man 21.310 Namen von Menschen, die Juden gerettet haben. Und es gibt Judenretter, deren Namen nur der Himmel kennt. Hätte es diese mutigen Helden nicht gegeben, würde auch ich nicht mehr leben.

Ich wurde im Mai 1941 in Magdeburg an der Elbe geboren. Meine Eltern, seligen Angedenkens, waren Juden seit Abrahams Zeiten, die aber keine Juden mehr sein wollten. Mein Vater war der deutscheste Deutsche, der mir je begegnet ist – und das als Jude. Das war typisch für viele deutsche Juden, die in der Kaiserzeit und der folgenden Weimarer Zeit glaubten, Anschluss an die deutsche Gesellschaft gefunden zu haben. Dafür warfen sie ihren jüdischen Glauben über Bord. Hitler jedoch verfolgte nicht nur die praktizierenden Juden, sondern alle Menschen jüdischer Herkunft, auch wenn sie noch so deutsch dachten und mit noch so vielen Verdienstorden für das deutsche Vaterland ausgezeichnet worden waren. Daher wurden auch wir verfolgt, fanden aber in dem schiefen Hinterhaus einer evangelischen Küsterfamilie in der Heiliggeiststraße in Quedlinburg bis zum Ende der Verfolgungszeit Zuflucht und wurden von unseren Rettern sehr gut versorgt.

Als der Krieg zu Ende war, gingen wir nach Magdeburg zurück. Dann kam der November 1950. Ein Freund meines Vaters, der in der SED aktiv war, informierte uns heimlich darüber, dass wir in der folgenden Nacht nach Sibirien verschleppt werden sollten. Das war eine der stalinistischen Säuberungen, in der Juden und Dissidenten aller Art nach Sibirien verschleppt wurden, damit sie dem Aufbau der DDR nicht im Wege stünden. Wieder mussten wir alles verlassen und flohen über Helmstedt in den Westen. Schon damals als Neunjähriger erkannte ich, dass wir nirgends eine sichere Bleibe haben, denn ich sagte zu meiner Mutter – so, wie sie es mir später erzählte – : „Mami, wenn ich einmal groß bin, möchte ich nicht mehr weglaufen müssen!" Zuerst hatten die Rechten, die Faschisten, uns verfolgt, weil wir Juden waren, ohne dass wir Juden sein wollten. Danach verfolgten uns die Linken, die Kommunisten, weil wir Juden waren, ohne dass wir Juden sein wollten.

Diese Erfahrungen führten dazu, dass ich 1964 mit meiner Frau noch in der Hochzeitsnacht aufbrach und in das Land unserer Väter, nach Zion zog, wo wir in einem Kibbuz lebten. Ich arbeitete im Weinberg und meine Frau im Kinderhaus. Später, nachdem wir den Kibbuz verlassen hatten, arbeitete ich als Journalist und Kriegsberichterstatter. Zwischendurch aber waren wir kurze Zeit in Düsseldorf, wo ich u.a. das „Jesus Haus" gründete und in Grevenbroich die Erkenskirche kaufte. Doch der Allmächtige machte mir bald klar, dass ich nicht nach Deutschland gehöre, sondern nach Israel und so führte er uns wieder nach Israel zurück.

Gott hat uns fünf Kinder geschenkt. Sie leben alle in Jerusalem und sind mit Juden verheiratet. Außerdem sind wir Großeltern von 19 Enkelkindern (20. Enkelkind ist unterwegs). Soviel ich weiß, hat außer meiner Familie niemand aus meiner Verwandtschaft den Holocaust überlebt. Ich bin der Einzige aus meiner Familie, der es nach Israel geschafft hat. Heute sind wir in Jerusalem eine große Schneider-Sippe, sodass man das Wort aus Joel 2,25 für sich beanspruchen kann: „… ich will euch die Jahre ersetzen, deren Ertrag die Heuschrecken, der Nager, der Fresser und der Verwüster verzehrt haben".

Wenn man weiß, was die Nationalsozialisten den Juden angetan haben, muss man das israelische Volk bewundern, dass es trotz anfänglicher Schwierigkeiten heute so gut mit dem deutschen Volk kooperiert. Soviel Bereitschaft des jüdischen Opfervolkes, dem deutschen Tätervolk zu vergeben, heißt praktizierte Vergebung hoch drei. In Israel redet man nicht groß von Vergebung, sondern praktiziert sie ganz realistisch.

Deutschland ist heute, nach den USA, Israels zweitstärkster Handelspartner. Israel bestellte beispielsweise im Jahr 2006 in Deutschland 671 Waggons für Reisezüge im Wert von 870 Mio Euro und U-Boote im Wert von 667 Mio Euro. Dadurch konnten in Deutschland viele Arbeitsplätze gesichert werden. Israel hätte diese Güter auch von den USA oder Holland kaufen können und nicht beim Tätervolk Deutschland. All das passiert in einer Zeit, in der noch Holocaustüberlebende mit eintätowierten KZ-Nummern am Leben sind. Ungeachtet dessen fahren Israelis deutsche Autos: Opel, VW, BMW oder Mercedes – hier ist ein Vergebungswunder geschehen.

Auch in Deutschland ist eine positive Veränderung zu sehen. Im Jahr 2006 stieg die Anzahl der Touristen in Israel im Vergleich zum Vorjahr um 24 %. Diese 24 % entsprechen dem internationalen Durchschnitt. Die Zahl der Touristen aus Deutschland stieg sogar um 36 %. Inzwischen gibt es kaum eine deutsche Kaufhauskette, die nicht israelische Produkte anbietet. Die Deutschen genießen zu Weihnachten Erdbeeren aus Israel und das traditionelle Kartoffelland Deutschland kauft sogar Kartoffeln aus Israel; ganz zu schweigen von den Medikamenten aus Israel, die den Deutschen Heilung verschaffen. Im Jahr 2006 ratifizierte das bundesdeutsche Gesundheitsministerium mit Israel einen Staatsvertrag, der den deutschen Krankenkassen erlaubt, ihren Patienten Kuren am Toten Meer zu genehmigen. Das sind die äußeren Zeichen einer wunderbaren Aussöhnung zwischen Israelis und Deutschen.

Doch es gibt auch eine innere Verbundenheit. Paulus schreibt in seinem Brief an die Römer in Kapitel 9 bis 11, dass die nichtjüdischen Christen der verschiedenen Nationen in den Heilsbaum des von Gott erwählten Volkes Israel eingepfropft worden sind. Damit werden sie von ein und derselben Wurzel getragen und gespeist. Im übertragenen Sinn kann man von einem Olivenbaum nicht erwarten, dass er Radieschen trägt. Genauso wenig darf man bei wahren Christen antijüdische Früchte oder antisemitische Dornen erwarten. Dies sollte Juden und Christen dazu ermutigen, Früchte der Einheit zu tragen.

Und: Wer im himmlischen Jerusalem wohnen will, sollte sich schon hier dafür das Wohnrecht besorgen, um einmal zusammen mit den Juden wohnen zu können, denn ein antijüdisch eingestellter Mensch wird nicht in Jerusalem einziehen können, ohne dabei durch die Tore zu gehen, die jüdische Namen tragen.

Außerdem ist vorausgesagt, dass am Ende der Zeit zehn nichtjüdische Männer aus allen Sprachen den Gebetsmantel eines Juden ergreifen werden, um mit ihm zu gehen. Gemeint ist, dass sie mit Juden Gebetsgemeinschaft haben werden, denn die Zahl zehn weist auf die jüdische Gebetszahl „Minjan" hin. In Sacharja ist verheißen, dass diese Männer sagen werden: „„Wir wollen mit euch gehen, denn wir haben vernommen, dass Gott mit euch ist"" (Sacharja 8,23). Sie sagen nicht: „Wir wollen mit euch gehen, weil ihr Juden besser oder heiliger seid", sondern, „weil Gott mit euch ist". Man kann sich wenden wie man will, Juden und Christen gehören zusammen.

Auf einen Blick:
RELIGIONEN in der WELT

In der Welt leben 6,6 Mrd Menschen (Stand 2007), davon sind

  2 Mrd Christen,

  1,2 Mrd Moslems,

  830 Mio Hindus,

  365 Mio Buddhisten und

  13 Mio Juden, davon leben 5,5 Mio in Israel.

... der Rest der Weltbevölkerung gehört sonstigen Religionen an oder ist religionslos.

Warum GLAUBEN die JUDEN nicht an JESUS?

Es gibt nur *einen* Gott. Das von Gott diktierte Glaubens-bekenntnis lautet: „Schma Israel, JHWH (Adonai) Elohei-nu, JHWH (Adonai) echad" – „Höre, Israel: Der HErr ist unser Gott, der HErr allein" (5.Mose 6,4). Als Jesus gefragt wurde, welches Gebot das Größte ist, zitierte er in Markus 12,29 das oben genannte Glaubensbekenntnis.

Jesus hat diesen Alleinanspruch Gottes nie aufgehoben. Das schreibt auch Paulus an Timotheus: „Es ist (nur) *ein* Gott, ebenso auch nur *ein* Mittler zwischen Gott und den Menschen, nämlich ein Mensch Christus Jesus" (1. Timo-theus 2,5). Paulus beruft sich dabei auf die Worte Jesu in Johannes 14,6: „Niemand kommt zum Vater außer durch mich". Jede zusätzliche oder andere Vermittlerperson, egal welcher Art, ist unbiblisch bzw. alles darüber hinaus ist hellenistische Philosophie mit ihrem Polytheismus.

Sobald Jesus seine Vermittleraufgabe vollbracht haben wird, das bedeutet, alles unterworfen hat und auch der Tod vernichtet ist, wird er selber sich dem unterwerfen, der ihm die Vollmacht gegeben hat, damit dann Gott alles in allem sei (1. Korinther 15,26-28).

Es gilt also: Niemand kommt zu Gott als allein durch Jesus Christus. Auch die Juden haben keinen anderen Erlöser, sie haben nur einen anderen Erlösungsrhythmus. Sie sind derzeit um der Heiden willen ins Abseits gestellt. Dafür werden sie aber an einem einzigen Tag in ihrer Gesamtheit errettet, wie es in Sacharja 12,10 und Römer 11,26 heißt. Die Evangelisierung der Heiden dagegen zieht sich nun schon über 1900 Jahre hin. In dieser Zeit wurden die Juden um der Heiden willen vom Heil ausgeschlossen, mit Ausnahme der Judenchristen. Die Judenchristen sind jener kleine Teil, über den nicht die Verstockung, also nicht der „Geist der Unempfänglichkeit" kam (Römer 11,25). Judenchristen gab es zu allen Zeiten und sie nennen sich heute messianische Juden.

Paulus beruft sich meiner Meinung nach dabei in seiner Wortwahl gleichnishaft auf das Beispiel der Erschaffung Evas: „Da ließ der HErr einen tiefen Schlaf auf den Menschen fallen, so dass er einschlief", um in der Zeit seiner Narkose aus Adams Seite für ihn eine Gehilfin zu schaffen (1. Mose 2,21). In Römer 11,8 hört sich das so an: „Gott hat ihnen – *den Juden* – einen Geist der Betäubung (= Unempfänglichkeit) gegeben, Augen des Nichtsehens und Ohren des Nichthörens". Daher ist es den Juden unmöglich, Jesu Wunder zu sehen und Jesu Botschaft zu hören bzw. zu verstehen. Auch wenn sie wollen, sie können nicht, weil sie wie Adam unter Narkose sind.

Und alles geschah nur, damit Gott während dieser Zeit für Adam eine Gehilfin, die ihm zur Seite steht, Eva, schaffen konnte. Oder auf Israel bezogen: Damit Gott sich in dieser Zeit den Nichtjuden zuwenden kann, denn Gott hat die Juden um der Heiden willen nicht getötet, sondern nur betäubt. Hierbei ist zu beachten: Eva sollte Adam nicht ersetzen, sondern nur ergänzen. Genauso sollen die Christen (Eva) Israel (Adam) nicht ersetzen, sondern nur ergänzen. Als Eva fertig war und Adam wieder aufwachen durfte, erkannten beide, dass sie *ein* Fleisch und *ein* Gebein sind.

Genauso wie Adam und Eva als gottgewollte Ehe füreinander geschaffen wurden und sich lieben müssen, um fruchtbar sein zu können, genauso ist die Gemeinde Jesu – Eva – nur dann fruchtbar, wenn sie zu Israel – Adam – ein Liebesverhältnis hat. Jede christliche Erweckung ohne wahre Liebesbeziehung zu Israel ist ein vergänglicher Flirt, die Erweckung ist nicht von Dauer. Kirchen, die ein biblisch orientiertes Verhältnis zu Israel verhüten, verhindern damit auch bleibende Frucht in ihren Kirchen.

Vorher waren die Nichtjuden vom Heil ausgeschlossen, weil Gott exklusiv das jüdische Volk auserwählt hatte (5. Mose 7,6-8). Entsprechend heißt es in Jesaja 40,15, dass die Heidenvölker vor Gott wie ein Tropfen am Eimer sind. Nach Golgatha aber wandte sich Gott den Nichtjuden zu, stellte dafür aber die Juden für eine begrenzte Zeit ins Abseits.

Damit ist klargestellt, dass Jesus der Messias Israels ist, zugleich aber auch der Christos der Welt. Die Juden warten auf den kommenden Messias und die Christen warten auf den wiederkommenden Christus. Juden und Christen warten also auf dieselbe Heilsperson. Der Begriff *Messias* (hebr. *Maschiach*) bedeutet übersetzt „Gesalbter", was in Griechisch *Christos* heißt.

Nun taucht die Frage auf, wann der Messias kommen bzw. Christus wiederkommen wird. Jesus sagte in seiner Endzeitrede (Matthäus 24,36): „Von jenem Tage aber und von jener Stunde hat niemand Kenntnis, auch die Engel im Himmel nicht, auch der Sohn nicht, sondern allein der Vater." Darum mahnt Jesus in Matthäus 25,13: „Seid wachsam, denn Tag und Stunde bleiben euch unbekannt." Als die Jünger jedoch nicht lockerließen und Jesus kurz vor seiner Himmelfahrt noch einmal fragten, wann er wiederkommt, um das Reich Gottes aufzubauen, antwortete er ihnen in Apostelgeschichte 1,7-8: „Euch kommt es nicht zu, Zeiten und Fristen zu wissen, die der Vater vermöge seiner eigenen Machtvollkommenheit festgesetzt hat … ihr werdet aber Zeugen für mich sein … bis ans Ende der Erde". Bis ans Ende der Erde heißt jedoch nicht, dass sich bis dahin alle Welt zu Christus bekehrt haben wird, sondern nur, dass Jesu Zeugen bis dahin die ganze Welt erreicht haben werden.

Obwohl wir weder Tag noch Stunde seines Kommens wissen, gibt es dennoch Zeichen, an denen man vage erkennen kann, dass seine Wiederkunft nahe ist, die uns den Advent der Heilsgeschichte erahnen lassen.

Da ist das optisch auffallende Zeichen Israel, denn Jesus lehrt uns in Matthäus 24,32-34 in dem gleichen Kapitel, sogar in dem gleichen Absatz, in dem er sagt, dass wir weder Tag noch Stunde wissen werden: „Vom Feigenbaum *(Israel)* aber mögt ihr das Gleichnis lernen: Sobald seine Zweige saftig werden und Blätter hervorwachsen, so erkennt ihr daran, dass der Sommer nahe ist. So auch ihr: wenn ihr dies alles seht, so erkennet daran, dass es (oder: er, d.h. der Menschensohn) nahe vor der Tür steht." Jesus spricht hier nur davon, dass der Feigenbaum (Israel) grünt. Er sagt nicht, dass er schon Früchte bringt, also spricht er nicht von zu Christus bekehrten Juden als Frucht. Er spricht erst von fruchtlosen saftigen Ästen und grünen Blättern. Doch diese rein irdischen Zeichen reichen aus und sollen uns genügen, um uns das Kommen des Messias anzukündigen. Mehr sollen und dürfen wir nicht erwarten.

Was sind die saftigen Äste und grünen Blätter? Das ist der zu neuem Leben wiedererwachte irdische Staat Israel. Dass Israel seit 1948 wieder als Staat existiert, dass Jerusalem seit 1967 inklusive der biblischen Altstadt wieder Israels Hauptstadt ist und dass die Juden aus aller Welt nach Zion heimkehren und die fast 2000 Jahre als Einöde dagelegene Wüste wieder fruchtbar wird, all das sind „die saftigen Äste und grünen Blätter". Die ganze Welt kann es sehen. Niemand kann sich mehr entschuldigen, er habe von Israels Existenz nichts gewusst, denn dafür sind die Schlagzeilen, die Israel macht, zu deutlich und zu auffällig. Niemand kann sich mehr in die Floskel flüchten und sagen: „Ich kann das mit Israel nicht glauben"; denn der Glaube ist die feste Überzeugung von Dingen, die man mit den Augen nicht sehen kann (Hebräer 11,1). Da unsere Generation aber den Staat Israel und die damit in Erfüllung gehenden biblischen Verheißungen mit eigenen Augen sehen kann, erübrigt sich an dieser Stelle der Glaube an etwas Verborgenes. Das heißt, dass damit jedem die Entschuldigung genommen wird, dass er die Sache mit Israel nicht glauben kann.

Aber es gibt noch weitere Hinweise, die uns verraten, dass wir im heilsgeschichtlichen Advent leben (das lateinische Wort „Advent" heißt „Ankunft", womit hier die Wiederkunft Christi gemeint ist). Paulus sagt in seiner Israelpredigt im Römerbrief Kapitel 9 bis 11: „Ich will euch nämlich, meine Brüder, über dieses Geheimnis nicht in Unkenntnis lassen, damit ihr nicht in vermeintlicher Klugheit auf eigene Gedanken verfallt: Verstockung ist über einen Teil der Israeliten gekommen. Jedoch nur solange bis zu der Zeit, da die Vollzahl der Heiden *(das sind nach alttestamentlichem Kontext* Nichtjuden*)* in die Gemeinde Gottes eingegangen sein wird; und auf diese Weise wird Israel in seiner Gesamtheit gerettet werden" (Römer 11, 25-26).

Paulus spricht hier von der Vollzahl und benutzt dafür das griechische Wort „Pleroma". Dieses Wort hat drei Bedeutungen. Paulus, der sehr präzise mit Worten umgeht, sagt uns an dieser Stelle nicht, welche von den drei Varianten des griechischen Wortes „Pleroma" und damit verbunden welche Bedeutung er meint. Darum erwähne ich hier alle drei Varianten.

1. Pleroma als numerisch-zahlenmäßige Vollzahl.
Hier handelt es sich um eine uns unbekannte Zahl von Nichtjuden, das heißt von Menschen aus den Nationen, aus allen Stämmen, Völkern und Sprachen, die in die Gemeinde Gottes eingegangen sein müssen; das heißt, sich zu Christus

bekehrt haben müssen, ehe er wiederkommen und sich Israel als Messias zu erkennen geben kann. Bevor diese Vollzahl nicht erreicht ist, wird Christus nicht kommen. Jede Spekulation über die Höhe dieser Vollzahl, ob es 144.000 oder Myriaden Nichtjuden sein werden, die in den fast 2000 Jahren Kirchengeschichte zum Glauben kamen, ist sinnlos.

Nur eines ist sicher: Erst wenn der Letzte aus den Nationen (Nichtjuden), der zu dieser uns unbekannten Vollzahl gehört, sich zu Christus bekehrt haben wird, wird er wiederkommen und sich damit auch dem Volk Israel zu erkennen geben. Das bedeutet, dass Israel so lange unter der Betäubung bleiben muss, bis der letzte Nichtjude aus den Völkern, der zu dieser Vollzahl gehört, in die Gemeinde Gottes eingegangen ist. Daher der Appell: Christen sollen überall auf der Welt Mission unter den Völkern betreiben, damit so schnell wie möglich der Letzte aus den Nationen in die Gemeinde Gottes eingeht, denn erst wenn die Vollzahl voll ist, kann das jüdische Volk aus „seiner Betäubung um der Heiden willen" aufwachen und in seiner Gesamtheit errettet werden.

2. Pleroma als gestalterische Vollständigkeit.

Die gestalterische Vollständigkeit bezieht sich auf die Christengemeinde aus den Nationen. Damit wird die Erschaffung Evas angesprochen. Gott, der HErr, sprach nur ein Wort, und so wurde alles geschaffen, was Himmel und Erde, Land und Meer aufzuweisen haben. Nur den Menschen – Adam – schuf er nicht durch ein Wort, sondern gestaltete ihn als seiner Hände Werk. Genauso schuf er auch Eva nicht durch ein Wort, sondern mit seinen Händen, berichtet uns die Bibel. Eva wurde also individuell gestaltet. Erst als sie ihre vollständige Gestalt erreicht hatte, durfte Adam aufwachen, um seine Frau und Gehilfin zu bewundern.

Das Volk Israel kehrt in unserer Generation wieder in das Land seiner Väter zurück. Das ist die Voraussetzung dafür, dass das jüdische Volk auch wieder zum Glauben seiner Väter zurückfindet. Da braucht man nur an die 1,3 Mio Juden aus der ehemaligen Sowjetunion zu denken, die seit Ende 1989 zum größten Teil als Atheisten nach Zion heimkehrten und erst jetzt in Israel wieder die Bibel und das jüdische Glaubensleben kennenlernen. In Israel wächst der Trend hin zum Glauben ihrer Väter. So bezeichneten sich Ende 2007 39 % der israelischen Juden unter 40 Jahren als religiös bis orthodox. Vor zehn Jahren waren es nur 27 %.

Auch die Gemeinde Jesu strebt ihrer Vollständigkeit entgegen, indem auch sie immer mehr zu ihrem urchristlichen Glauben zurückfindet. Bei den Christen begann es bereits mit der Reformation. Als Folge davon kehrte das Wort Gottes wieder ins Lehr- und Predigtzentrum zurück. Später kam bei vielen Christen die Glaubenstaufe hinzu und bei manchen auch die apostolischen Gaben. So findet auch hier eine Entwicklung statt, die die Gemeinde Jesu in ihrer gottgewollten Gestalt vervollständigt.

Es ist wie mit einer Pyramide, bei der von verschiedenen Seiten aus die Spitze angepeilt wird, ohne dass die eine Seite die andere Seite sieht und beachtet. Genauso arbeitet eine Uhr: Ein Zahnrad greift in das andere, denn Israel und die Gemeinde Jesu sind füreinander bestimmt. Die Entwicklung Israels und die der Gemeinde Jesu greifen zeitlich ineinander und bringen sich gegenseitig zur Erfüllung. Ohne Israel kann die Gemeinde Jesu nicht biblisch funktionieren und ohne die Gemeinde Jesu erreicht auch Israel nicht sein Ziel. Hierbei hängt alles von der gestalterischen Pleroma-Vollständigkeit ab.

3. Pleroma bedeutet auch „in Erfüllung gegangen".
Jesus sagte in seiner Endzeitrede in Lukas 21,24: „Jerusalem wird von den Heiden zertreten werden, bis die Zeiten der Heiden abgelaufen *(erfüllt)* sein werden". Er nimmt damit Bezug auf Sacharja 12,2-3. Dort wird prophezeit, dass Jerusalem in der Endzeit zuerst für Israels Feinde, die rings um Jerusalem leben, zur Taumelschale wird, durch die Israels Feinde trunken werden und sie nicht mehr wissen, was sie tun. Die um Jerusalem lebenden Völker sind die moslemischen Staaten, die wie Betrunkene gegen Israel wüten. Dieser Wahnzustand wird allen Völkern der Erde zur Last, zum Laststein, den die „Nationen vereint" wegheben wollen, woran sie sich aber wundreißen werden. Als Folge dessen – um endlich Ruhe zu haben – werden alle Nationen vereint" gegen Jerusalem ziehen (hebr. *umot meuchadot,* was heute der politische Begriff für Vereinte Nationen ist).

Viele sehen in Jerusalem nur den Ort, an dem Jesus gekreuzigt wurde und auferstanden ist. Aber es ist auch der Ort, an den er zurückkehren wird, denn seine Füße werden auf dem Ölberg stehen und alle werden ihn in seiner Herrlichkeit sehen. Doch ehe es dazu kommen kann, muss

Jerusalem von den Heiden zertreten werden. Das ist seit 1900 Jahren der Fall, denn das Herzstück Jerusalems, der Tempelplatz, wird immer noch von Moslems zertreten, was im Hebräischen entheiligt bedeutet.

Doch diese Zeit wird ganz plötzlich abgelaufen, erfüllt sein. Als 1967 die Jerusalemer Altstadt mit dem Tempelplatz von Israel zurückerobert wurde, wurde die endzeitliche Schlussphase eingeleitet. Die derzeitigen Spannungen um Jerusalem sind die bereits brennende Zündschnur zum Heiligen Krieg um Jerusalem, denn nicht nur der Koran, sondern auch die Bibel spricht vom Heiligen Krieg, heißt es doch in Joel 4,9: „Macht dies unter den Heidenvölkern bekannt: ‚Rüstet euch zum heiligen Kriege! Bietet alle geübten Streiter auf, lasst alle Kriegsleute *(gegen Jerusalem)* aufmarschieren und anrücken!‘" Mit dem Tal Josaphat ist Jerusalem gemeint, siehe Joel 4,9-19*)*.

Wenn man die Tagesnachrichten verfolgt, erkennt man, dass nicht nur der Iran, die Hamas-Palästinenser und Hisbollah-Libanesen zum Heiligen Krieg gegen Jerusalem aufrufen, sondern dass sich inzwischen die gesamte Welt direkt und indirekt zum Heiligen Krieg aufmacht – um Jerusalems willen. Wir leben leider noch nicht in der Zeit der Abrüstung, wie die Anhänger der Friedensbewegungen meinen und wie sie in Jesaja 2,4 verheißen wird. Wir leben noch in der Zeit der Aufrüstung, von der in Joel 4,10 steht: „Schmiedet eure Pflugscharen zu Schwertern um und eure Winzermesser zu Lanzenspitzen". Es ist also noch nicht die Zeit, in der Schwerter zu Pflugscharen umgeschmiedet werden sollen.

Soweit sind wir noch nicht, denn zuvor wird noch der Heilige Krieg um Jerusalem geführt werden. Mit diesem Krieg wird die Zeit der Heiden in Jerusalem auf dem Tempelplatz zu Ende gehen und abgelaufen sein. Damit hat dann auch dieses *Pleroma* seine Erfüllung gefunden.

Diese drei *Pleromas* sind, wie Paulus es in Römer 9 bis 11 formuliert, die Gründe dafür, dass die Juden nicht an Jesus glauben. Nicht weil sie nicht wollen, sondern weil sie aufgrund von Gottes Plan um der Heiden willen (noch) nicht können, denn erst wenn alle *Pleromas* in Erfüllung gegangen sind, wird der Messias sich seinem Volk Israel zu erkennen geben, sodass sie ihn erkennen können.

Das Erscheinen des Messias aber hat ein böses Vorspiel für die Nationen, das leider von vielen verdrängt wird. In Sacharja 12,9-10 lesen wir: „Und geschehen wird es an jenem Tage, da werde ich darauf bedacht sein, alle Völker zu vernichten, die gegen Jerusalem zu Felde gezogen sind. *Sodann (d.h. erst nach diesem Gericht)* will ich über das Haus Davids und über die Bewohner Jerusalems den Geist der Gnade und der Bitte um Gnade ausgießen, sodass sie auf den hinblicken werden, den sie durchbohrt haben, und um ihn wehklagen, wie man um den einzigen Sohn wehklagt ... Da wird das ganze Land wehklagen, jedes Geschlecht für sich besonders." Das ist der Moment, in dem Israel in seiner Gesamtheit gerettet wird, weil Adam – sprich Israel – aus seinem Tiefschlaf, in dem er um der Heiden willen lag, aufwacht, weil Eva – die Gemeinde Jesu – ihre Vollständigkeit, ihr *Pleroma,* erreicht hat.

Auf einen Blick:

JUDEN in der WELT und in ISRAEL

Von den rund 13 Mio Juden (Stand: 2007), leben

    5.671.000 in den USA,

    5.300.000 in Israel,

      600.000 in Frankreich,

      240.000 in Deutschland,

      230.000 in Russland,

... der verbleibende Rest verteilt sich auf 129 Staaten.

Wozu 28.000 BIBLISCHE ENDZEITPROPHETIEN?

Ein Baum ohne Wurzeln kann nicht überleben. Ein Baum ohne Wurzeln bringt auch keine Frucht und ein Baum mit kranken Wurzeln bringt schlechte Frucht. Das bedeutet, dass man an den Früchten den Zustand des Baumes erkennen und damit auch die intakte oder unterbrochene Verbindung zu seinen Wurzeln erkennen kann. Dafür gibt es kein treffenderes Bild als den wurzellosen Weihnachtsbaum. Man kann ihn noch so schön und traditionsreich schmücken, irgendwann nadelt jeder Weihnachtsbaum – auch wenn es eine Edeltanne ist. Dann kommt seine Nacktheit ans Licht. Damit der Weihnachtsbaum nicht so schnell seine Nadeln verliert, fügt man dem Wasser Frischhaltemittel bei. Das bewirkt zwar, dass er etwas länger seine Nadeln behält; irgendwann aber verliert auch er sein grünes Nadelkleid und wird entsorgt und verbrannt. Genauso werden „wurzellose" Menschen in den „feurigen Pfuhl" geworfen, wie Offenbarung 21,8 es nennt.

Die Merkmale der Endzeitgemeinde Laodizäa (Offenbarung 3) sind das Fehlen der direkten Verbindung zu den Wurzeln des Glaubens, künstlich frischgehaltene Gottesdienste, Fastfood-Unterhaltungspredigten ohne tiefgreifendes Wort Gottes und aufgewärmte Traditionen ohne direkte Geistesleitung.

Die Gottesdienste in der Kirche sollen keine traurige Sache sein, sondern ein freudiges Erlebnis. Wenn aber keine Freude aufkommt, darf man nicht künstlich nachhelfen, denn wahre Freude ist keine *Gabe* des Geistes (1. Korinther 12), die uns in den Schoß fällt, sondern echte Freude ist eine *Frucht* des Geistes (Galater 5,22). Frucht aber ist das Resultat eines Baumes, der eine gute Verbindung zu den Wurzeln pflegt. Wir werden einmal vor dem Thron Gottes nicht nach den Gaben des Geistes gerichtet, sondern nach den Früchten des Geistes, das heißt wir müssen etwas für die Wurzeln unseres Glaubens tun, sie gut pflegen, damit wir gute Früchte bringen und somit einmal vor Gott bestehen können.

Unser Glaube ist – ob man es wahrhaben will oder nicht – im Alten Testament verwurzelt. Wenn im Neuen Testament von der „Schrift" die Rede ist, ist damit einzig und allein das Alte Testament gemeint, denn das Neue Testament gab es zu Jesu Zeiten noch nicht. Jesus bescheinigt den Pharisäern eine positive Eigenschaft: „Ihr durchforscht wohl die Heiligen Schriften … und sie sind es auch wirklich, die von mir Zeugnis ablegen" (Johannes 5,39; vgl. das Vorbild der Christen von Beröa, Apostelgeschichte 17,11), damit meinte er nichts anderes als das Alte Testament. Paulus zufolge ist *alle* Schrift von Gott eingegeben (2. Timotheus 3,16), womit auch er nur das Alte Testament meinte, denn auch zu seiner Zeit gab es noch kein schriftlich fixiertes Neues Testament. Das heißt, wer das Alte Testament nicht kennt oder nicht als Gottes Wort akzeptiert, kann schwerlich das Neue Testament richtig erfassen, denn es fehlt ihm die Verbindung zu seinen Glaubenswurzeln.

Es ist wunderbar von großen Erweckungen zu hören. Doch irgendwann verebben auch die größten Erweckungen, wenn sie nicht auf dem Fundament des biblischen Wortes gegründet sind. Es waren Trend-Erweckungen. Die Welt aber braucht eine Erweckung zum Wort Gottes hin und damit auch zum prophetischen Wort der Bibel.

Viele Prediger haben Angst, Gemeindemitglieder zu verlieren, wenn sie das Wort Gottes im Klartext verkünden. Daher werfen sie die schriftgetreuen Wahrheiten über Sünde und Gericht über Bord und vermeiden auch das Thema Israel. Es ist ein bedauerlicher Notbehelf, dass es heute außerkirchliche Israelfreundeskreise gibt, die manchmal in eigenbrötlerischer Weise ohne Korrektiv „ihre Israelsuppe kochen". Wenn in jeder Kirchengemeinde neben Evangelisation und dem Lehramt sowie dem Hirtenamt auch das biblisch-prophetische Wort gebracht werden würde (Epheser 4,11-13), hätte das Thema Israel seinen proportionalen Platz in der Gemeinde. Damit wären dann die außergemeindlichen Israelkreise überflüssig.

Doch da, wo das biblisch fundierte Wort über Israel fehlt, fehlen oft auch andere biblische Wahrheiten. Denn wer die Bibel wie eine Menükarte ansieht, aus der er sich nur das herauspicken kann, was ihm gefällt, bei dem verflachen die Gottesdienste zu frommen Musicals. Gewiss, die Gottesdienste dürfen nicht altmodisch sein, man muss sie zeitgemäß gestalten. Dabei darf man jedoch nicht das Wort Gottes zu kurz kommen lassen, auch wenn es nur gewisse Teile sind, denn auch das neutestamentliche Evangelium, die Frohe Botschaft, verspricht keinen Himmel ohne Heiligung.

Daher schreibt Paulus an die Thessalonicher (1. Thessalonicher 4,3): „Denn das ist der Wille Gottes, eure Heiligung, indem ihr Unzucht meidet", und: „Selig sind, die reinen Herzens sind, denn *sie* werden Gott schauen!" (Matthäus 5,8), weil ohne Heiligung niemand den Herrn sehen wird. Wie aber kann diese Heiligung angestrebt werden, wenn der Gottesdienst nur noch aus volksnaher Unterhaltung besteht, in der die Wahrheit über Sünde und Hölle fehlt? Das Größte, was dem Satan gelungen ist, ist uns vorzugaukeln, dass es ihn und die Hölle nicht gibt.

Trotz charismatischer Gaben werden viele vor dem Richterstuhl Gottes nicht bestehen, sondern als „Täter der Gesetzlosigkeit" von Gott verworfen werden (Matthäus 7,21-23). Weil sie die Sünde nicht mehr beim Namen genannt haben, wird Gott das Blut derer, die verlorengehen, von den Händen jener fordern, die die Sünder nicht auf ihre Sünde aufmerksam gemacht haben (Hesekiel 3,18-21). Und alles nur aus Furcht, dass solche Wahrheiten dem Volk zu hart sein könnten und etliche deswegen die Gemeinde verlassen könnten. Daher wurde vielerorts das Wort „Sünde" aus dem Predigtwortschatz gestrichen.

Als Jesus eine harte Rede hielt, zogen sich viele seiner Nachfolger zurück, sodass er die, die bei ihm geblieben waren, herausforderte: „*Ihr* wollt doch nicht auch weggehen?" (Johannes 6,67). Ihm ging es nicht um Quantität, sondern um Qualität. Heute dagegen werden unpersönliche und unverbindliche Mega-Gemeinden angestrebt. Gott aber kommt es nicht auf die Masse an, sondern dass jeder Einzelne ihm mit ungeteiltem Herzen dient. Ungeteilten Herzens kann man ihm aber nur dienen, wenn man dazu das Wort Gottes in ungeteilter Weise benutzt.

Dazu lehrt Paulus, dass *alle* Schrift von Gott eingegeben ist. Damit bekannte er sich voll und ganz zur gesamten Heiligen Schrift, die zu einem Drittel aus prophetischen Aussagen über die Endzeit besteht. Und wer erlaubt uns, ein Drittel vom Wort Gottes zu ignorieren? Wer nun meint, dass die prophetischen Aussagen der Bibel nur Israel betreffen, irrt, denn schließlich ist Israel die Uhr Gottes für die Nationen. Es gibt in der Bibel etwa 36.000 prophetische Verheißungen, von denen sich etwa 28.000 mit unserer Endzeit befassen. Es gibt aber nicht eine einzige biblische Endzeitprophetie betreffs Nationen und Gemeinde Jesu, die nicht an das Geheimnis Israel gekoppelt ist, weil alles von der Wurzel unseres Glaubens bestimmt wird.

Gehen wir davon aus, dass 28.000 biblische Prophezeiungen uns als Lichter zur Verfügung stehen, um in unser dunkles Endzeitgeschehen Licht zu bringen. Wir müssen diese göttlichen Lichter nur anzünden. Gerade jetzt im Endspurt der Endzeit, wo es darauf ankommt, auf der letzten Wegstrecke Licht zu haben, ignorieren viele das prophetische Licht der Bibel. Und genau das wollte Satan erreichen und hat dafür gesorgt, dass in vielen Gemeinden kein prophetisches Licht mehr leuchtet.

Ich werde von den 28.000 Endzeitprophetien sieben prophetische Lichter anzünden:

1. Gott verhieß,

dass er das Volk Israel unter alle Völker zerstreuen wird, wenn sie nicht nach seinen Geboten leben, sondern das tun, was dem HErrn missfällt (5. Mose 4,27 u. 28,64). Und genauso geschah es! Die Israeliten wurden ihres Ungehorsams wegen tatsächlich unter alle Völker zerstreut. Das Land Israel ist Gottes Land. Die Israeliten haben es nur „gepachtet", das bedeutet, sobald sie ihre Pacht nicht bezahlen, also Gottes Gebote nicht beachten, kündigt er ihnen und vertreibt sie aus seinem Land. Das geschah schon einmal 722 v. Chr. mit der Vertreibung der Israeliten nach Assyrien und 587 v. Chr. mit der Verschleppung der Juden nach Babylon und 70 bzw. 135 n. Chr. mit der Vertreibung der Juden unter alle Völker.

2. Gott verhieß,

dass er in der Endzeit sein Volk Israel aus allen Völkern sammeln und die Juden wieder in das Land ihrer Väter zurückbringen wird, denn: „Vernehmt das Wort des HErrn, ihr Völker, und verkündet in den fernsten Meeresländern folgende Botschaft: ‚Er, der Israel zerstreut hat, sammelt es auch wieder und hütet es wie ein Hirte seine Herde!'" (Jeremia 31,10; vgl. auch Hesekiel 36,24). Dass es Gott war, der die Juden unter alle Völker zerstreut hat, bezweifelt niemand, auch nicht der liberalste Theologe. Dass derselbe Gott, wie verheißen, die Juden nun aber wieder sammelt und nach Zion zurückbringt, damit haben viele Christen Probleme, oft sogar auch Pietisten. Man spricht darüber nicht von der Kanzel, denn das Thema Israel ist in den Augen vieler Christen ein Politikum. Die Einwanderung der Juden nach Zion ist schließlich das Werk der Zionisten – sagen sie – und damit wollen sie nichts zu tun haben. Das ist falsch, denn die Rückführung der Juden nach Zion ist durch und durch Gottes Sache. So kehrten auf Gottes Geheiß seit der Staatsgründung von Israel im Jahr 1948 Juden aus 144 Ländern nach Zion zurück (Stand: 2006). In Hesekiel 36,24 lesen wir: „So hat der HErr gesprochen: Ich der HErr will euch aus allen Ländern sammeln“. Damit wird die Meinung widerlegt, dass sich diese Verheißung bereits mit der Heimkehr der Juden aus der babylonischen Gefangenschaft erfüllt hat. Nein, damals kehrten sie nur aus *einem* Land zurück, heute dagegen kommen sie von allen vier Himmelsrichtungen, wie es in Jesaja 43,6-7 heißt: „Ich will dem Norden gebieten: Gib sie heraus! Und dem Süden: Halte sie nicht zurück! Bringe alle meine Söhne von Ferne und meine Töchter vom Ende der Erde“. Damit ist also nicht nur Babylon, sondern die Heimkehr der Juden aus aller Welt gemeint, was in unserer Generation geschieht.

3. Gott verhieß,
dass die Wüste wieder ein fruchtbarer Garten wird, heißt es doch in Jesaja 51,3: „Denn Trost hat der HErr für Zion, Trost für alle seine (d.h. Zions) Trümmerstätten und er wird seine (d.h. Zions) Wüstenei wieder zu einem Paradies machen und seine Steppe zu einem Gottesgarten.“ Ferner heißt es in Amos 9,13-15: „So lautet der Ausspruch

des HErrn …: ‚Dann will ich das Geschick meines Volkes Israel wenden, dass sie die verwüsteten Städte wieder aufbauen und darin wohnen, dass sie Weinberge anpflanzen und den Wein von ihnen trinken, dass sie Gärten anlegen und deren Früchte genießen. Denn ich will sie in ihr Land fest einpflanzen und sie sollen nie wieder ausgerissen werden aus ihrem Grund und Boden, den ich ihnen gegeben habe!' – der HErr, dein Gott, hat es verheißen!"

Genau das geschieht vor unseren Augen. Die Wüste wird ein fruchtbarer Garten. Israel exportiert seine Früchte und Weine in alle Welt und sogar über Malta und andere Umwege in arabische Länder, die keine diplomatischen Beziehungen zu Israel unterhalten, denn auch die Araber sollen schmecken, wie freundlich der Herr ist. Es soll überall deutlich werden, dass Gottes Wort wahr ist, weil er seine Verheißungen, die er Israel gab, vollständig erfüllt.

4. Gott verhieß,

dass die Trümmerstätten wieder aufgebaut und volkreich werden: „Darum sage zum Haus Israel: ‚So hat der HErr gesprochen: Nicht um euretwillen, Haus Israel, greife ich ein, sondern um meines heiligen Namens willen, den ihr unter den Heidenvölkern überall entehrt habt, wohin ihr gekommen seid. So will ich denn meinen großen Namen, der unter den Heiden entheiligt worden ist, weil ihr ihn unter ihnen entheiligt habt, wieder zu Ehren bringen, damit die Heiden erkennen, dass ich der HErr bin' – so lautet der Ausspruch des Gottes des HErrn – ‚wenn ich mich vor ihren Augen an euch als den Heiligen erweise. Ich will euch also aus den Heidenvölkern herausholen und euch aus allen Ländern sammeln und euch in euer Land zurückbringen. Dann will ich reines Wasser über euch sprengen, damit ihr rein werdet: von all euren Befleckungen und von all eurem Götzendienst will ich euch reinigen. ... Zu derselben Zeit, wo ich euch von all euren Verschuldungen reinige, will ich auch die Städte neu bevölkern und die Trümmer sollen wieder aufgebaut werden; das verödete Land soll aufs neue bestellt werden, während es zuvor als Wüste vor den Augen aller Vorüberziehenden dagelegen hat. Dann wird man sagen: ‚Dieses Land, das verödet dalag, ist wie der Garten Eden geworden und die Städte, die in Trümmer lagen, verwüstet und zerstört waren, sind jetzt wohlbefestigt und volkreich.'" (Hesekiel 36,22-25 u. 33-35).

Hier legt uns Gott die Worte in den Mund, die wir den Israelis sagen sollen, denn es heißt: „Darum sage zum Haus Israel". Man muss die Israelis nicht übereifrig verteidigen, um den alle Welt beeindruckenden Aufbau Israels zu rechtfertigen. Nein, der Herr sagt hier ganz klar, dass die Juden, wohin sie auch gekommen sind, seinen Namen entehrt haben. Daher geschieht das, was in Israel geschieht, allein um „seines heiligen Namens willen", den Er nun wieder zu Ehren bringt, indem er die Juden zurückkehren lässt und die Wüste zu einem Garten macht und die Trümmerstädte neu bevölkert.

Der Wiederaufbau der biblischen Trümmerstätten, das sind die bei liberalen Israelis und in der Welt umstrittenen jüdischen Siedlungen. Sie sind also kein Politikum, sondern die Erfüllung von Gottes Verheißungen. Überall, wo zu biblischer Zeit Städte waren, wie z.B. Tekoa und Silo, Beth El und

Kirjat Arba entstehen auf ihren Ruinen neue Siedlungen, die wegen der palästinensischen Terrorgefahr „wohlbefestigt" sind. In diesen jüdischen Siedlungen leben zumeist kinderreiche Familien. Damit ging auch in Erfüllung, dass diese wiedererbauten Stätten „bewohnt bzw. volkreich" sind.

Dabei sollte man beachten, dass gleichzeitig mit der Heimkehr der Juden nach Zion und der Urbarmachung der Wüste und dem Wiederaufbau der biblischen Städte Gott mit der inneren Reinigung seines Volkes begann. Dies erinnert an das Wort Jesu aus Matthäus 9,6: „‚Damit ihr aber wisst, dass der Menschensohn Vollmacht hat, Sünden auf der Erde zu vergeben' ... sage zu dem Gelähmten: ‚Stehe auf, nimm dein Bett und gehe heim in dein Haus!'" Da die innere Reinigung unsichtbar im Verborgenen geschieht, wird sie durch äußere Zeichen sichtbar gemacht, sodass wir an dem äußeren Aufbau Israels das Wirken Gottes im Innern seines Volkes sehen können. Das gipfelt darin, dass er ihnen verspricht: Ich will euch „... ein neues Herz verleihen und euch einen neuen Geist eingeben ... und will solche Leute aus euch machen, die nach meinen Satzungen wandeln." (Hesekiel 36,26). Damit wird das Eine zum Beweis für das Andere.

5. Gott sagte voraus,

dass Jerusalem zum Taumelbecher für die um Jerusalem herum existierenden Staaten (das sind moslemische Staaten) wird, was daraufhin zum Laststein für alle Nationen der Erde wird. Und genau das bestimmt heute das politische Geschehen in Nahost, das alle Nationen der Erde in den israelfeindlichen Sog zieht, damit sie nicht selber Opfer des islamistischen Terrors werden. Wir dürfen dabei nicht vergessen, dass Israels Feinde in erster Linie Gottes Feinde sind. So heißt es zum Beispiel in Psalm 83,2-5: „O, Gott, halte dich nicht zurück, verharre nicht im Schweigen und bleibe nicht ruhig, o Gott! Denn siehe deine Feinde toben und die dich hassen, tragen das Haupt hoch! Gegen dein Volk ersinnen sie einen Anschlag und beraten sich gegen deine Schutzbefohlenen. Sie sagen: ,Kommt, wir wollen sie vertilgen als Volk: des Namens Israel soll man nimmermehr gedenken.' Ja, sie haben sich einmütigen Sinnes beraten, ein Bündnis haben sie gegen dich geschlossen". Beachten Sie bitte jeweils die Anrede „dein", die sich eindeutig auf Gott bezieht.

Man kann nur staunen, wie wortwörtlich die biblischen Voraussagen mit dem aktuellen Geschehen übereinstimmen. Es scheint, als habe der Psalmist die Worte des iranischen Präsidenten gehört, der Israel von der Landkarte vertilgen will, damit man sich an den Namen Israel nicht mehr erinnert.

6. Gott sagte,

dass die Völker einmal sein Land in einen Judenstaat und einen Palästinenserstaat teilen. Gott aber wird mit allen Völkern ins Gericht gehen, weil sie Israel, *sein* Land, geteilt haben (vgl. Joel 4,2). Natürlich meinen es die Politiker gut, die den israelisch-palästinensischen Konflikt auf friedlichem Wege lösen wollen, indem sie das Land teilen, sodass beide Parteien, Israelis und Palästinenser, eine nationale Heimstätte haben: ein lebensfähiger Palästinenserstaat an der Seite eines sicheren Israels. Doch was menschlich gut gemeint ist, ist deswegen noch lange nicht göttlich, sagt Jesus (Matthäus 16,23).

Wir dürfen Ariel Scharon nicht verurteilen, seine Krankheit soll uns ihm gegenüber milde stimmen. Dennoch stimmt es uns nachdenklich, dass Israels Ministerpräsident Scharon am 3. Januar 2006 auf seiner Bullenzuchtfarm zusammen mit seinen Söhnen Gilad und Omri ein Glas Wein trank, ein Blatt Papier nahm und darauf seine politischen Zukunftspläne notierte, die er nach seinem Kadima-Wahlsieg verwirklichen wollte. Auf dem Zettel stand, dass er nach seinem Wahlsieg im März 2006 88-92 % des Westjordanlandes Judäa und Samaria um des Friedens willen an die Palästinenser abtreten wolle. Kurz darauf verspürte er einen Druck in der Brust, woraufhin ihn sein Sohn Gilad nach Jerusalem in die Hadassah-Klinik fuhr. Normalerweise hätte man ihn in die nahegelegene Klinik von Beerscheva gebracht, doch wegen einer bevorstehenden Herzkatheteroperation brachte man ihn nach Jerusalem und legte eine dreimal so lange Strecke mit ihm zurück. Während dieser Fahrt brach Scharon wegen einer Gehirnblutung zusammen. In Jerusalem wurde er acht Stunden lang vergeblich operiert, fiel ins Koma und wachte trotz weiterer sieben Operationen nicht wieder auf.

Scharons Vorname ist *Ariel,* das heißt übersetzt „Löwe Gottes". Er war seit seinem 14. Lebensjahr Soldat, Offizier, General und Verteidigungsminister. Er war Israels „Kämpfer Nummer 1". Er hatte Israels entscheidensten Schlachten geschlagen. Niemand konnte den „Löwen Gottes" bezwingen. Nur Gott konnte *seinen* Löwen bezwingen, indem er in Scharons Gehirn ein kleines Blutäderchen platzen ließ. Das zeigt uns, wie hart Gott mit denen ins Gericht geht, die sein

Land teilen wollen. Das Gericht fängt schließlich immer am Haus Gottes an. Alle bisherigen Pläne israelischer Politiker, um des Friedens willen das Land Israel aufzuteilen, hatten böse Folgen. Man muss sich nur an den immer noch nicht aufgeklärten Mord an Rabin erinnern. Ja, Gott setzt Könige ein und setzt Könige ab und alles nur, um das, was er in den prophetischen Worten der Bibel vorausgesagt hat, pünktlich und korrekt in Erfüllung gehen zu lassen.

Niemand hat das Recht, weder die UNO noch die EU, weder die Palästinenser noch die Israelis, Gottes Land zu teilen. In Scharons Fall zog Gott die Notbremse und nahm ihn von der politischen Bühne, sodass er seinen Teilungsplan nicht ausführen konnte. Der folgende 33-tägige Libanonkrieg im Sommer 2006 öffnete vielen Israelis die Augen, dass es ein lebensgefährlicher Fehler ist, im Herzen Israels, in Judäa und Samaria, einen Palästinenserstaat zu dulden, von dem aus palästinensische Terroristen mit Kassam- und Katjuscha-Raketen Israel beschießen könnten. Von Judäa und Samaria aus könnten die Palästinenser mit Katjuscha-Raketen dann jeden Fleck in Israel, auch Jerusalem und den Ben-Gurion-Flughafen unter Beschuss nehmen. Selbst der von der westlichen Welt so hofierte Palästinenserpräsident Mahmoud Abbas, der im Gegensatz zu den Hamas-Extremisten als der israelfreundliche Palästinenserchef hingestellt wird, erklärte in seiner Rede vor der UNO-Vollversammlung in New York (September 2007), dass er nicht damit zufrieden sei, nur 92 % von Judäa und Samaria zu bekommen, wie es Ariel Scharon und sein Nachfolger Ehud Olmert ihm angeboten haben: „Nein, er will alles, was Palästina heißt!"

An dieser Einstellung änderte auch die von den USA ausgeführte Nahostkonferenz in Annapolis nichts.

7. Gott sagte,

dass am Ende der Tage der große Abfall kommt. So mahnt Paulus: „Wir richten aber in Betreff der Ankunft unseres Herrn Jesus Christus und unserer Vereinigung mit ihm eine Bitte an euch … Lasst euch von niemand auf irgendeine Weise täuschen; denn zunächst (vor der Wiederkunft Christi) muss ja doch der Abfall eintreten und der Mensch der Gesetzlosigkeit erschienen sein, der Sohn des Verderbens, der Widersacher, der sich über alles erhebt, was Gott oder anbetungswürdig heißt …" (2. Thessalonicher 2,1-4).

Abfallen können nur die, die dabei waren! Das betrifft demnach nur die Christen, die aktiv in der Gemeinde tätig sind. Gerade sie stehen in der Gefahr, sich vom Sohn der Gesetzlosigkeit täuschen zu lassen, indem sie die „Freiheit in Christo" missverstehen und deshalb Gottes Gesetz als für sie nicht mehr gültig ansehen. Wer sich in vielen Kirchen und Gemeinden, egal welcher Denomination, umsieht, wird bestätigen, dass hier und da bereits der „Geist der Gesetzlosigkeit im Geheimen wirksam ist" (vgl. 2. Thessalonicher 2,7). Damit wird deutlich: Wer keine Verbindung zu den alttestamentlichen Wurzeln hat, die fälschlicherweise als überholt gelten, ist vom Abfall bedroht und wird wegen seiner Gesetzlosigkeit von Gott verurteilt.

Wir können uns wenden, wohin wir wollen, an Israel kommen wir nicht vorbei, denn Israel gehört zu den Wurzeln unseres Glaubens. Nun werden einige sagen, dass sie Israel ja „im Herzen" lieben. Gut und schön. Doch nehmen wir zum Beispiel Daniels Liebe zu Jerusalem: Sie war nicht nur verinnerlicht, sondern bewusst veröffentlicht, denn er hielt sein Fenster nach Jerusalem auch auf die Gefahr hin offen, dass ihm dadurch Nachteile entstehen könnten. Er wusste, dass ihn seine Feinde wegen seiner Fürbitte für Jerusalem vor dem König denunzieren würden. Er hätte aus Vorsicht sein Fenster schließen können, tat es aber nicht, denn er wollte sich öffentlich zu Gott und zu seinem Volk Israel sowie zu seiner Stadt Jerusalem bekennen.

Gewiss, er kam dafür in die Löwengrube. Doch gerade dort erlebte er Gottes Allmacht, als sich Gott vor dem König und vor allen seinen Feinden zu ihm bekannte und ihn herausrettete. Von da an war er nicht nur „Gottes Liebling", sondern auch des „Königs Günstling".

„Wer dich (Israel) segnet, der wird gesegnet" (4. Mose 24,9) – wer sich öffentlich zu Israel bekennt, zu dem bekennt sich auch öffentlich der Herr. Wer aber, aus welchen Gründen auch immer, sich nicht zu Israel bekennt, wird auch bald „Gründe" finden, sich nicht mehr zu dem Gott Israels zu bekennen. Feigheit ist das häufigste Hindernis, den Glauben so zu leben, wie Gott es von uns fordert. Feiglinge nehmen vor der Wirklichkeit Reißaus. Daher gehört Mut dazu, sich zu Gott und seinem Volk Israel zu bekennen, denn Gott und sein Volk Israel sind Wirklichkeit.

Auch ich stand einmal vor der Wahl. Ich musste als freischaffender Journalist meine Reportagen verkaufen, was

nicht einfach war, wenn man bei der Wahrheit bleiben wollte und zugleich eine siebenköpfige Familie durchbringen
musste. Obwohl ich die Redaktionen mit allen Nachrichten
belieferte, bekam ich nur für das Geld, was veröffentlicht
wurde – und das bestimmte der Chefredakteur, der nie
vor Ort des Geschehens war. Das heißt, man wurde indirekt gezwungen so zu schreiben, wie der Chefredakteur es
wollte – auch wenn es nicht der Wahrheit entsprach. Das
war leider auch bei christlichen Nachrichtendiensten der
Fall. Und wer sich als Journalist, um beim Chefredakteur
gut anzukommen, damit brüstete, auch unter palästinensischen Israelfeinden Freunde zu haben, verleugnete damit
nicht nur Israel sondern letztlich auch den Gott der Bibel.

Ich hätte auf einen Kompromiss ausweichen müssen, denn
jedes klare Bekenntnis zum Gott der Bibel und zu Israel hätte mir die „Freundschaft" der Palästinenser gekostet. Daher
bin ich sehr skeptisch gegenüber Journalisten, die auf beiden Hochzeiten tanzen. Das ist wie in der früheren DDR,
wer als Christ gute Beziehungen zur SED hatte, musste dafür oft einen hohen moralischen Preis zahlen. Ich aber wollte ungeteilten Herzens Gott dienen und damit auch auf der
Seite Israels stehen. Und siehe da: Wer sich zu Gott bekennt,
zu dem bekennt sich auch Gott. So wurde aus meinem
Einmann-Journalismus eine Redaktion mit 26 vollzeitigen
Mitarbeitern. Unsere NAI-Redaktion mit Sitz in Jerusalem
bringt u.a. die Zeitschrift „israel heute" in mehreren Sprachen heraus und TV-Nachrichten. Und 26 Augenpaare sehen schließlich mehr als nur ein Paar Augen, was für einen
objektiven Journalismus äußerst wichtig ist.

Warum wollen die ISLAMISTEN ISRAEL VERNICHTEN?

Als David Ben Gurion am Freitag, den 14. Mai 1948 die Unabhängigkeit des Judenstaates Israel ausrief, tat er dies mit den Worten, die auch am Schluss der Unabhängigkeitsurkunde die Gründung des Staates Israel besiegeln:

> „Im Vertrauen auf den Felsen und Hüter Israels bekräftigen wir die Gründung des Staates Israel durch unsere eigenhändige Unterschrift".

So wurde Israel auf den *Felsen* des Allmächtigen gegründet, auf denselben *Felsen*, auf den auch Jesus seine Gemeinde gegründet hat (Matthäus 16,18). Und weil Israel und die Gemeinde Jesu beide auf Gottes Felsen gegründet wurden, gilt für beide, dass „die Pforten der Hölle sie nicht überwinden" können.

Doch da, wo Leben ist, ist auch Tod. Da wo Licht ist, ist auch Finsternis und da wo Gott sein Reich baut, versucht der Feind, es zu zerstören. Es wird ihm aber nicht gelingen, denn die Pforten der Hölle werden weder die Gemeinde Jesu noch das jüdische Volk bzw. den Staat Israel überwältigen. Mit der Staatsgründung Israels ging das Wort Gottes in Erfüllung: „Er, der Israel zerstreut hat, sammelt es auch wieder und hütet sie wie ein Hirt seine Herde" (Jeremia 31,10). Das beweist die Treue Gottes zu seinem Volk Israel.

Der Herr bekennt sich zu Israel, nicht weil Israel besser oder klüger oder mächtiger ist als andere Völker, sondern weil er Israel erwählt hat. Und warum hat Gott ausgerechnet Israel erwählt? Weil die Juden die Verachtetsten in der Welt sind, das heißt die Geringsten in den Augen der Welt (5. Mose 7,7-8). Er hegt Liebe zu ihnen und hält den Eid, den er den Stammvätern Israels geschworen hat. Aus diesem Grunde wird er sie auch nie verwerfen, heißt es doch in Jeremia 31,35-37:

> „So hat der HErr gesprochen, der die Sonne zur Leuchte am Tage bestellt hat, die Ordnungen des Mondes und der Sterne zur Erleuchtung bei Nacht ... Wenn diese festen Ordnungen jemals vor mir zu bestehen aufhören, dann (erst) soll auch die Nachkommenschaft Israels aufhören, ein Volk vor meinen Augen zu sein für alle Zeiten. ... so wenig will ich die gesamte Nachkommenschaft Israels *(das heißt bis zum heutigen Tag und auch in Zukunft)* verwerfen wegen alles dessen, was sie begangen haben – so lautet der Ausspruch des HErrn".

An Gottes Treue zu seinem Volk Israel können wir erkennen, dass er auch den Christen gegenüber treu ist und sie nicht verlassen wird.

Vier Existenzkriege überlebte Israel seit seiner Gründung:

1948 den Unabhängigkeitskrieg
1956 den Sinai-Krieg um die Meerenge von Tiran
1967 den Sechstagekrieg um Jerusalem,
      Judäa und Samaria
1973 den Jom-Kippur-Überraschungskrieg.

Es waren alles Kriege, die Israel aufgezwungen wurden. Es waren Kriege gegen eine arabische Übermacht. Die Araber kämpften unter dem Motto: „Werft die Juden ins Meer!" – doch es gelang ihnen nicht. Und die Welt, die Vereinten Nationen (UNO), die Israel als UN-Mitgliedstaat zugesagt hatten, das Land in kriegerischen Notzeiten zu unterstützen, haben jedes Mal kurz vor Ausbruch der Kriege ihre Zusagen annulliert, allen voran der sogenannte Freund Israels, die USA. Die USA haben sogar Waffenembargos über Israel verhängt, sodass auch willige NATO-Staaten Israel nicht helfen durften. Diese Embargos wurden in einer Zeit verhängt, in der die Araber von den Sowjets massiv aufgerüstet wurden. Es stimmt wirklich: Im Notfall kommt Israels Hilfe allein vom Herrn.

Seit 2006 verkündet der iranische Präsident Ahmadinedschad permanent, Israel von der Landkarte vertilgen zu wollen und der palästinensische Hamas-Führer Ismail Hanijeh weigert sich, Israels Existenzrecht anzuerkennen. Hierbei muss man beachten, dass er nicht nur Israel diplomatisch nicht anerkennt – das machen die meisten arabischen Staaten ja auch nicht – nein, er verweigert sogar Israel sein Existenzrecht, das heißt er verweigert Israel sein Lebensrecht. Das bedeutet: Israel soll in der Tat vom Erdboden verschwinden.

Das ist die arabische *Endlösung,* die 1943 der Großmufti von Jerusalem, Amin al-Husseini als Oberhaupt der arabischen Moslems von seinem Besuch bei Hitler von

Berlin nach Eretz-Israel mitbrachte, um in dem damals *Palästina* genannten Israel das zu vollenden, was Hitler in Europa nicht geschafft hat. Ihm ging es um die ideologische Verschmelzung der nationalsozialistischen Theorien mit dem Islam. Als Husseini von den Bemühungen erfuhr, dass die Nazis durch Tauschgeschäfte eine Anzahl von Juden verschonen wollten, versuchte er dies zu verhindern. Seiner Meinung nach sollten die nach Eretz-Israel geflüchteten Juden, die den Holocaust überlebt hatten, in ihrer biblischen Heimat vernichtet werden.

Hier taucht die Frage auf: Warum wollen die Moslems, genauer gesagt die Islamisten, Israel von der Landkarte vertilgen? Was treibt sie gerade in unserer Zeit so vehement zum Heiligen Krieg gegen Jerusalem?

Platzmangel kann es nicht sein, denn die arabischen Länder sind 613 Mal größer als Israel. In Israel leben auf einem Quadratkilometer 303 Menschen; in den arabischen Ländern dagegen durchschnittlich nur 18 Menschen auf einem Quadratkilometer (Stand: 2007). Und so wie es in den arabischen Ländern viel Wüste gibt, gibt es proportional gesehen genauso viel Wüste in Israel.

Viele der arabischen Länder verfügen über reiche Erdölvorkommen, Israel dagegen muss sich seine Existenzgrundlage hart erarbeiten. Auch Jerusalem kann nicht als Grund angeführt werden, denn Jerusalem wird nicht ein einziges Mal im Koran erwähnt – auch nicht unter der arabischen Bezeichnung al-Quds (die Heilige). In der Sure 17,1 heißt es nur: „Gepriesen sei Allah, der seinen Diener (Mohammed) des Nachts (nicht leibhaftig, sondern nur in einer Vision) von der unverletzlichen Moschee (Mekka) zur fernsten Moschee führte". Damit ist aber historisch betrachtet die Omajjaden-Moschee in Damaskus gemeint, denn sie galt zu damaliger Zeit als „fernste Moschee". Erst viel später im 8. Jh. kam die Hadithen-Legende auf, dass damit Jerusalem gemeint sei. Diese Legende geht auf den geschäftstüchtigen Kalif Walid I. zurück, der nicht mitansehen konnte, wie die Mekka-Pilger von überall her an Jerusalem vorbeizogen, um ihr Geld in Medina und Mekka auszugeben. So erklärte er mehr als 150 Jahre nach Mohammeds Tod einfach Jerusalem zur drittheiligsten Stätte der Moslems.

Ungeachtet dessen, dass es keine Vernunftgründe gibt, Israel zu vernichten, rufen Islamisten immer lauter zum Heiligen Krieg gegen Israel auf. Die Betonung liegt hier in der Bezeichnung *Heiliger* Krieg, denn bei einem *heiligen* Krieg geht es nicht um profane Ziele, sondern um *heilige* Ziele. In der Sure 2,216-217 heißt es: „Vorgeschrieben ist euch der Heilige Krieg *(Dschihad)*" und in Sure 9,41: „Rückt aus, leicht oder schwer bewaffnet *(mit Dolch oder Atombombe)* und setzt euch mit eurem Gut und Blut für Allah ein, um im Heiligen Krieg siegreich zu sein". Ferner heißt es in Sure 9,73: „Kämpfe gegen die Ungläubigen *(Nichtmoslems)* und gegen die Scheinheiligen. Tötet sie, denn die Hölle ist ihre Herberge" und in Sure 47,4: „Wenn ihr im Heiligen Krieg auf Ungläubige stoßt, dann schlagt auf sie ein, bis ihr sie getötet habt".

Viel zu langsam erkennen Politiker und Medienvertreter den hohen Stellenwert der Religion, der bei den Moslems nicht nur die Gefühle, sondern auch immer mehr ihre politischen Entscheidungen beeinflusst. Da in der sogenannten christlichen Welt die Religion aus der Politik verdrängt wurde, können sich „christliche" Politiker kaum an den Gedanken gewöhnen, dass die Religion bei Politikern des 21. Jahrhunderts noch eine Rolle spielt. Mittlerweile ist jedoch in den westlichen Industriestaaten aus der Gleichgültigkeit gegenüber den Moslems eine Angst vor den Moslems bzw. den Islamisten geworden. Terroranschläge wie in New York, London, Madrid und Beslan, um nur einige wenige Beispiele zu nennen, lehren die Welt das Fürchten. Was aber ist der eigentliche Auslöser, dass Moslems so vehement gegen Israel sind?

Martin Luther nannte den Teufel „Nachäffer Gottes". Daher ist es nicht verwunderlich, dass der Islam nicht nur die Bibel, das Alte und Neue Testament, nachahmte und verfälschte, sondern sich auch einen eigenen Messias erschuf, das heißt den jüdischen *Messias* und den christlichen *Christos* imitierte. Der Unterschied zum biblischen Messias ist jedoch, dass der islamische Messias kein Erlöser ist, sondern ein Kriegsherr, der die Nichtmoslems mit dem Schwert Mohammeds zum Islam zwingen und aus lauen Moslems mit Gewalt Extremisten machen will.

Daher war die Rede von Papst Benedikt XVI. mit dem Zitat des byzantinischen Kaisers Manuel II. nicht nur das Zitat eines christlichen Kaisers aus dem Jahre 1391, sondern in Wirklichkeit ein Zitat aus der islamischen Glaubenslehre, die besagt, dass Nichtmoslems mittels Heiligem Krieg und Terror zu Moslems gezwungen werden sollen.

Der islamische Messias heißt *Mahdi*, was Rechtgeleiteter bedeutet. Er ist der Zwölfte Imam. Der elfte Imam starb 874 im Gefängnis von Samarrha im Irak. Er starb, ohne einen Sohn und Nachfolger zu hinterlassen. Nach seinem Tod tauchte jedoch die Legende auf, dass er doch einen Sohn gehabt habe. Dieser Zwölfte Imam hat sich in eine „kleine Verborgenheit", wie es wörtlich heißt, irgendwo auf Erden zurückgezogen. Aus dieser „kleinen Verborgenheit" soll er, gemäß der islamischen Lehre, die in der *Zwölfer Schia* verankert ist, am Ende der Zeit in Mekka auftauchen. Von Mekka zieht er mit seinem Heer nach Kufa am Euphrat (Irak), wo er in einer Moschee eine Predigt hält, die von allen Menschen der Erde gehört werden wird. Erstaunlich, dass vor 1000 Jahren schon davon die Rede war, dass einmal alle Menschen der Erde eine Rede hören können, was ja erst in unserer Zeit durch Rundfunk und Fernsehen möglich gemacht wurde.

Wer sich der Predigt des Zwölften Imam-Mahdi widersetzt, heißt es weiter, wird mit dem Schwert Mohammeds erschlagen. Danach errichtet er auf Erden ein Paradies mit allen Lustbarkeiten und sexuellen Freiheiten. Diese bis ins Perverse reichenden Freuden sind unter anderem in dem moslemischen Buch *Parfümgarten* von al-Hafsi beschrieben. Genau *das* treibt junge Moslems dazu, Selbstmordterroristen zu werden, denn nur Märtyrer bekommen in diesem Lustgarten mit 72 Huris einen Platz, d.h. durch Terroranschläge wollen sie sich in diesem perversen Lustgarten einen Platz sichern.

Da gibt es jedoch einen Haken, denn der Zwölfte Imam-Messias kann nach islamischem Glauben erst auftauchen, wenn das „Volk des Schabbats", also das jüdische Volk (Israel), nicht mehr existiert. Und je mehr die Moslems zu Fundamentalisten werden, desto fanatischer erwarten sie ihren Zwölften Imam, ihren „Messias". Doch um ihm den Weg zu bahnen, müssen sie Israel aus dem Weg räumen. Nur so ist der immer lauter werdende Ruf zu verstehen, Israel von der Landkarte zu vertilgen.

Gewiss, es glauben nicht alle Moslems an das Auftreten des Zwölften Imam-Mahdi. Es glauben auch nicht alle Juden an das Kommen des Messias. Und es glauben auch nicht alle sogenannten Christen an die Wiederkunft Jesu Christi, was jedoch nichts daran ändert, dass Jesus, und damit meine ich den biblischen Messias, kommen wird.

Wichtig dabei ist nur, dass nach sunnitischer und schiitischer Lehre der Zwölfte Imam erst dann aus seiner „kleinen Verborgenheit" auftauchen kann, wenn der Judenstaat Israel nicht mehr existiert. Die vom Mahdi angestrebte Gewaltherrschaft der Islamisten über alle Menschen wird allein durch die Existenz Israels blockiert. Somit hat es die Christenheit Israel zu verdanken, dass sie noch nicht vom unmenschlichen Scharia-Gesetz des Islam geknechtet wird. Damit bewahrheitet sich einmal mehr, dass Israel ein Segen für alle Völker der Erde ist, so wie es bereits in 1. Mose 12,2-3 u. 4. Mose 24,5-9 verheißen ist.

Da Gott aber für Israel streiten wird – der Name „Israel" bedeutet „der, für den Gott streitet" –, bleibt Israel auf immer und ewig bestehen und wird nicht von der Landkarte vertilgt werden. Daher kann und wird der Zwölfte Imam nie auftauchen und die Moslems werden nie über alle Welt herrschen. Wie gut, dass es Israel gibt!

Der iranische Präsident Ahmadinedschad sprach im November 2006 vor der UN-Vollversammlung in New York von Frieden. Doch später anlässlich des islamischen Aschura-Festes am 29. Januar 2007 behauptete er im arabischen Fernsehen *al-Dschasira,* dass die Vorsehung ihn dazu berufen habe, das Kommen des Zwölften Imam zu beschleunigen. Damit deutete er an, was westliche Medien nicht richtig einordnen konnten, dass Israel aus islamistisch-religiösen Gründen von der Landkarte verschwinden muss. Das geht am schnellsten mittels atomarer, biologischer und chemischer Waffen und nicht, wie manche predigen, durch eine Islamisierung des Judenstaates durch iranische Ayatollahs.

Vor der Welt hat Ahmadinedschad keine Angst, denn die Welt fürchtet ihn mehr als er sie. Und die Vereinten

Nationen sind für ihn – wie er sagte – „ein alt gewordener Löwe mit faulen Zähnen". Der Iran verfügt über die drittgrößten Erdölvorkommen und über die zweitgrößten Erdgasvorräte der Welt. Erdöl heißt auf Hebräisch *neft*, was mit „Geist aus dem Untergrund" übersetzt wird. Wer kennt nicht den Begriff „spirit – Geist". Im Volksmund wird Benzin ja auch „Sprit" genannt. Rohöl bedeutet auf Altgriechisch „Kultur des Todes". Und das griechische Wort für „Trockenheit", wie es in der Apokalypse vorkommt, bedeutet „wieder zu Sand werden". Das heißt, was einmal Sand war, wird wieder zu Sand. Damit könnten die versiegenden Erdölquellen gemeint sein, die unter den Sandflächen des Orients liegen und wieder veröden.

Ahmadinedschad, der sich manchmal *Hitler II.* nennt, weiß, dass seine Erdölvorräte bald zu Ende gehen. Er hat es deshalb eilig: Sein „Geist aus dem Untergrund" wird irgendwann aufgebraucht sein. Doch alle, die diesem Geist gehorsam sind, werden von Gott besiegt werden, denn der Zwölfte Imam ist nur ein Phantom der Islamisten und daher keine Gefahr für Israel.

Der Islam in seiner islamistischen Ausrichtung wird dagegen zu einer Gefahr für die nicht moslemischen Völker, vor allem für die westlichen Industriestaaten. Der in der Schweiz aufgewachsene Moslem Tariq Ramadan, Professor für Islamwissenschaften und Philosophie in Fribourg und Genf schrieb dazu: „Ich sage den Moslems in Europa: Hört auf, euch als eine Minderheit zu sehen.

Es geht nicht um Integration in Europa, sondern um die Kontrollübernahme Europas" aus „Kampf der Kulturen" von Samuel Phillips Huntington. Außerdem werden an den islamischen Universitäten in Riad und Kairo Moslems ausgebildet, die Europa unter dem Motto: „Das christliche Europa ist reif zur Ernte für den Sieg Allahs" missionieren sollen.

So wollen die Islamisten nicht nur Israel, sondern auch den Rest der Welt erobern. Heißt doch ihr Hadithen-Slogan: „Am Schabbat töten wir die Juden und am Sonntag die Christen!" Doch es wird ihnen nicht gelingen, denn Gott verheißt, dass die Pforten der Hölle weder sein auserwähltes Volk Israel noch seine teuer erkaufte Christengemeinde überwinden können. Nun liegt es an uns, ob wir uns zu Israel und zu Gottes Gemeinde bekennen oder uns von den Moslems einschüchtern lassen.

Auf einen Blick:
ISRAELS BEVÖLKERUNG

Israels Gesamtbevölkerung betrug im September 2007

7.200.000, davon waren 5.472.000 Juden,

das heißt 76 % der Gesamtbevölkerung.

Außerdem sind 1.368.000 Moslems (19 %),

151.200 Christen (2,1 %),

115.00 Drusen (1,6 %) und

93.600 Sonstige (1,3 %).

Israels Hauptstadt Jerusalem zählt 720.000 Bürger.

Seit Staatsgründung Israels

machte die Zahl der Bürger Jerusalems,

ohne dass man dies bewusst anstrebte,

immer 10 % aller Staatsbürger Israels aus.

Gibt es eine NAHOST-LÖSUNG?

Es ist leicht, als Laie über die Politiker und ihre Politik zu schimpfen. Auch eine Regierungsopposition weiß immer alles besser als die Regierung, denn sie muss das, was sie vorschlägt, ja auch nicht in die Tat umsetzen. Ich war in den Jahren meiner Journalistentätigkeit ständiger Begleiter der Staatsgäste, die für meine redaktionelle Zielgruppe relevant waren. Ich habe neben Ben Gurion und Golda Meir, Rabin, Scharon und Olmert auch internationale Staatsgäste persönlich kennengelernt, denn irgendwann besuchten alle Regierungschefs und ihre Außenminister einmal Israel. So habe ich im Laufe der Jahre sehr viele Politiker kennengelernt.

Dabei stellte ich fest, dass alle mehr oder weniger ernstlich bemüht waren, das Nahost-Problem und besonders den israelisch-palästinensischen Konflikt zu lösen. Dabei darf man allerdings nicht vergessen, dass jeder Regierungschef zuerst einmal die Interessen seines Landes vertritt, ehe er sich für andere Staaten einsetzt. Man muss verstehen, dass die Regierungschefs, die sich in Jerusalem mit dem jeweiligen israelischen Ministerpräsidenten trafen, hinterher auch mit den Führern der Palästinenser zusammenkamen. Das mussten und müssen sie tun, um nicht die arabischen Nationen zu verärgern. Ein anderes Verhalten hätte für das Land des jeweiligen Staatsgastes wirtschaftliche Nachteile nach sich ziehen können. Hier darf man nicht vergessen, dass die arabische Welt mit anderthalb Milliarden Bürgern für Siemens oder Ford als Käufergruppe wichtiger sind als das kleine Israel mit seinen gut sieben Millionen Einwohnern.

Und wenn sich ausländische Regierungen und Politiker für die Lösung des israelisch-palästinensischen Konflikts einsetzten, so war das zwar gut gemeint, aber leider nicht umsetzbar, denn die Situation in Nahost ist ein gordischer Knoten – und das nicht erst seit der Staatsgründung Israels, sondern schon seit Jahrhunderten. Nachdem das jüdische Volk unter alle Völker zerstreut war, stritten sich viele Völker um das Heilige Land: Die Byzantiner und Mamelucken, Kreuzfahrer und Engländer, um nur einige wenige zu nennen, sie alle beanspruchten das Land Israel für sich. Um keine andere Stadt der Welt wurde so oft gekämpft wie um Jerusalem, die *Stadt des Friedens*. Und nirgendwo floss so viel Blut wie in der Heiligen Stadt Jerusalem.

Die Kolonialmächte zogen in Nahost nach ihrer Willkür Grenzen. Hauptsache sie waren leicht zu verteidigen. Die über die Jahrhunderte gewachsenen Stammes- und Völkergrenzen und die aus biblischer Zeit stammenden Ansprüche des jüdischen Volkes, das in Israel beheimatet war, wurden völlig ignoriert. Auch die Umbenennung des Landes in Palästina durch den römischen Kaiser Hadrian im Jahre 135 n. Chr. trug mit zur Verwirrung bei. Es gab zu keiner Zeit innerhalb der Grenzen Israels ein palästinensisches Volk, geschweigedenn ein palästinensisches Königreich. Daher erstaunt es mich, dass im Anhang der meisten Bibeln über den Landkarten „Palästina zur Zeit des Alten Testamentes" und „Palästina zur Zeit des Neuen Testamentes" steht. Zu beiden Zeiten gab es dort nie ein „Palästina".

1964 tauchte zum ersten Mal der Begriff eines „palästinensischen Volkes" auf. PLO-Chef Arafat hatte bis dahin viele Rivalen, die ihm seine Führung streitig machen wollten und sich als Terrorgruppen gegenseitig bekämpften. Um diese Terrorgruppen (PLO, PFLP, DFLP, Saiqa, Popular Struggle Front, Abu Nidals und George Habashs Terrorgruppe usw.) dazu zu bringen, sich nicht mehr gegenseitig zu bekämpfen, sondern ihre Terroranschläge vereint gegen Israel zu richten, schuf Arafat den Phantombegriff „palästinensisches Volk". Daher sind die Palästinenser nicht ein historisch gewachsenes Volk, sondern nur der Sammelbegriff für Menschen, die sich im Laufe der Jahrhunderte irgendwann aus unterschiedlichsten Regionen des Orients in dem Landstrich niedergelassen haben, der von Kaiser Hadrian als „Palästina" bezeichnet worden war.

Ob die Bezeichnung „palästinensisches Volk" aber nun historisch vertretbar ist oder nicht, ist eigentlich unwichtig: Die Araber, die sich heute Palästinenser nennen, sind eine nicht wegzudenkende Tatsache. Also muss es für den israelisch-palästinensischen Konflikt eine Lösung geben, die auch die Palästinenser berücksichtigt.

Es gibt Israel-Fans, die zugleich Palästinenserfeinde sind und es gibt Freunde der Palästinenser, die damit automatisch Israelfeinde sind. Beides ist verkehrt! Nur weil Israel von Gott immerwährende Verheißungen empfangen hat, hat Gott damit nicht die Palästinenser verdammt. Nein, auch die Palästinenser erhielten von Gott eine wunderbare Verheißung, die zugleich auch die Lösung des israelisch-palästinensischen Konflikts ist. Alle bisherigen politischen Versuche, diesen gordischen Knoten zu lösen, bewirkten nur, dass die Politiker, die in guter Absicht versuchten, den israelisch-palästinensischen Knoten zu lösen, ihn von allen Seiten nur noch fester zurrten.

In Sacharja 9,1 u. 6-7 lesen wir:

> „Dies ist der Ausspruch des Wortes des HErrn … ‚dem Stolz der Philister will ich ein Ende machen. Wenn ich dann ihr blutiges Opferfleisch aus ihrem Munde entfernt und ihre greuelhaften Speisen ihnen zwischen den Zähnen weggeschafft habe, so werden auch *sie* unserem Gott verbleiben (= als ein Rest angehören) und alsdann als ein Stamm in Juda gelten und die Bewohner von Ekron den Jebusitern (d.h. den Bewohnern von Jerusalem) gleichstehen" (Ekron war die Hauptstadt der Philister).

Zuerst muss klargestellt werden, dass *Philister* und *Palästinenser* vom Begriff her ein und dasselbe sind. Genauso wie man mit *Deutsche, Germans* (engl.) und *Allemans* (franz.) ein und dasselbe Volk meint, so sind auch die *Philister* (biblische Aussprache) und *Palästinenser* (lateinische Aussprache) ein und dasselbe Volk, nur in unterschiedlichen Sprachen.

Die Philister-Palästinenser stammen nicht einmal von Abraham ab, denn sie stammen ursprünglich aus Kreta, weswegen sie in der Bibel oft *Kreter* genannt werden (1. Samuel 30,14; Hesekiel 25,16; Zephanja 2,5; Titus 1,12). Auch der Begriff *Kreti und Pleti* ist eine Bezeichnung für die Philister, die im 12. Jh. v. Chr. von der Insel Kreta, die damals *Kaphtor* hieß, nach Ägypten gezogen sind. Von dort wurden sie vom Pharao Ramses III. im Jahre 1176 v. Chr. als *Unreine* (altägypt.: *Pulista*, woraus *Philister* wurde) in den heutigen Gazastreifen vertrieben. Schon zu biblischer Zeit gab es dauernd Kriege zwischen den Philistern und Israel. Doch mit der Eroberung des Philisterlandes (Gazastreifen) durch Alexander den Großen im Jahre 322 v. Chr. hört die Geschichte des Reiches der Philister auf. Es ist daher kaum anzunehmen, dass die, die sich heute *Palästinenser* nennen, von den ursprünglichen Philistern abstammen. Dennoch haben wir es mit Menschen zu tun, ganz gleich, ob sie sich zurecht Palästinenser nennen oder nicht. Das Problem muss daher gelöst werden. So kann man die Verheißung aus Sacharja getrost auf die Menschen beziehen, die sich heute Palästinenser nennen und im Land Israel leben.

Die Verheißung aus Sacharja 9 verrät, dass nach allen gut gemeinten menschlichen Versuchen, den israelisch-palästinensischen Konflikt zu lösen, dieser von Menschen unlösbare gordische Knoten am Ende von Gott gelöst wird: Er wird den Palästinensern die blutrünstige Gesinnung entfernen und sie werden daraufhin *unserem* Gott, das heißt dem Gott der Bibel (also nicht mehr Allah) angehören. Es heißt hier nicht, dass sie dem Gott der Bibel angehören *sollen*, sondern, dass sie ihm angehören *werden*. Das *sollen* wäre wertlos, denn es garantiert nicht, dass sie es auch tun werden. Weil Gott aber sagt, dass sie ihm dann angehören *werden*, wird es genauso sicher geschehen wie bei der Schöpfung Gottes Wort „es *werde* Licht" zu Licht *wurde*. Damit ist gesagt, dass die Palästinenser sich tatsächlich zum Gott der Bibel bekehren werden.

Infolgedessen werden sie als ein Stamm in Juda gelten und den Bürgern Jerusalems gleichstehen. Damit verheißt Gott, dass Israelis und Palästinenser einmal im Frieden zusammenleben werden. Nicht die von der Welt angestrebte Zweistaatenlösung, ein lebensfähiger Palästinenserstaat an der Seite eines sicheren Israel, bei der es Grenzen und Mauern geben würde, ist die endgültige Lösung des israelisch-palästinensischen Konflikts, sondern Gottes Lösung ist die verheißene Einstaatenlösung.

Menschlich hätte ich allen Grund, die Palästinenser zu hassen, denn sie haben mir schon oft nach dem Leben getrachtet. Aber nicht nur mir, sondern allen Israelis. Nirgendwo auf der Welt ist man vor ihren Terroranschlägen sicher, weder im Flugzeug noch im Autobus, weder in der Schule noch in der Synagoge, weder im Restaurant noch auf Einkaufsmärkten. Allein in den vier Intifada-Jahren von 2000 bis 2004 verübten palästinensische Terroristen 18.980 Terroranschläge auf Israelis, das waren durchschnittlich pro Tag 13 Anschläge. Das hatte zur Folge, dass Israel einen Sicherheitszaun errichtete, von dem jedoch nur 5 % eine Mauer sind. Durch den Sicherheitszaun verringerte sich die Anzahl der Terroranschläge um 98 %.

Mir steckten sie z.B. meinen BMW in Brand. Obwohl ich eine Vollkaskoversicherung hatte, wurde dieser Terrorschaden als Kriegsschaden eingestuft. Das heißt die Versicherung zahlte nichts. So hätte ich allen Grund, die Palästinenser zu hassen. Weil ich aber weiß, dass auch sie eine Verheißung von Gott haben, sehe ich die momentanen Schrecken nicht als ausweglose Sackgasse an, sondern als einen dunklen Tunnel, an dessen Ende das Licht leuchtet. Alle diese Schmerzen sind die Geburtswehen, die das freudige Ereignis, den kommenden Messias, ankündigen. Dieser Glaube hilft mir, die Palästinenser trotz allem, was sie mir und den Israelis angetan haben, in der mir anbefohlenen Feindesliebe zu lieben. Schließlich haben auch sie eine positive Verheißung von Gott.

Die UNO und die USA sowie die EU sprechen von einem Stufenplan, der sogenannten *Road Map*. Ziel dieses Plans ist es, dass Palästinenser und Israelis sich nach und nach immer mehr annähern. Er hört sich gut an. Auf dem Papier sieht er auch vernünftig aus. Doch was nützt der beste Konstruktionsplan für ein Flugzeug, wenn das nach diesem Plan gebaute Flugzeug gar nicht erst abhebt oder hinterher sogar abstürzt? Gott setzt diesem weltlichen Stufenplan seinen endzeitlichen Stufenplan entgegen, den er bereits vor 2600 Jahren bekanntgab. Den finden wir in Hesekiel 37,1-11:

„Die Hand des HErrn kam über mich: Er führte mich im Zustand der Verzückung hinaus und ließ mich in der Talebene nieder, die voll von Totengebeinen war. Er führte mich ringsherum an diesen vorüber; und siehe, es lagen ihrer sehr viele über die ganze Talebene hin, aber alle waren ganz verdorrt. Da fragte er mich: ‚Menschensohn, können wohl diese Gebeine wieder lebendig werden?‘ Ich antwortete: ‚HErr, mein Gott, *du* weißt es!‘ Hierauf gebot er mir: ‚Weissage über diese Gebeine und rufe ihnen zu: Ihr verdorrten Gebeine, vernehmt das Wort des HErrn! So hat Gott der HErr zu diesen Gebeinen gesagt: Fürwahr, ich will Lebensgeist in euch kommen lassen, damit ihr wieder lebendig werdet, und will Sehnen an euch schaffen und Fleisch über euch wachsen lassen, ich will euch mit Haut überziehen und euch Lebensgeist einflößen, damit ihr wieder lebendig werdet und erkennt, dass ich der HErr bin.‘

Da weissagte ich, wie mir geboten war; und als ich geweissagt hatte, entstand plötzlich ein Rascheln und die Gebeine fügten sich zusammen, eins ans andere. Als ich nun hinschaute, nahm ich wohl Sehnen an ihnen wahr und Fleisch war über sie gewachsen und mit Haut waren sie oben überzogen, aber Lebensgeist war noch nicht in ihnen. Da sagte er zu mir: ,Richte eine Weissagung an den Lebensgeist, ja weissage, Menschensohn, und sprich zu dem Lebensgeist: So hat Gott der HErr gesprochen: O Geist, komm von den vier Winden herbei und hauche diese Erschlagenen an, dass sie wieder lebendig werden!' Als ich nun so weissagte, wie er mir geboten hatte, da kam der Lebensgeist in sie, sodass sie lebendig wurden und auf ihre Füße traten, eine gewaltige große Heerschar. Hierauf sagte er zu mir: ,Menschensohn, diese Gebeine hier sind das ganze Haus Israel!'"

In diesen elf Versen befindet sich Gottes Dreistufenplan mit Israel.

Erste Phase

Es gab wohl kaum eine Generation, die so viele Totengebeine gesehen hat wie unsere Nachkriegsgeneration. Die amerikanischen Befreier von Bergen-Belsen und die russischen Befreier von Auschwitz zwangen Deutsche und Polen, sich die mit Leichen übersäten Felder anzusehen. Und wer nicht vor Ort mit eigenen Augen die unzähligen Leichen der vom nationalsozialistischen Herrschaftsregime umgebrachten Juden, Sintis, Romas und andere sah, dem stehen heute viele Fotobände zur Verfügung, in denen man sehen kann, was der Prophet Hesekiel schon vor

2600 Jahren sah. Hier taucht die Frage auf: Mit welcher Begründung kann man dies auf unsere heutige Zeit deuten? Die Antwort: Zu keiner Zeit stand die in der Bibel genannte Reihenfolge des Geschehens so im Fokus mit dem heutigen Geschehen wie in unserer Zeit.

Nachdem der Prophet das Feld der Totengebeine gesehen hatte, entstand ein lautes Rascheln und die lose verstreuten Totengebeine fügten sich wieder zusammen. Damit ist die *Alijah*, die Rückkehr der Juden nach Zion gemeint. Nach dem Holocaust und den sechs Millionen jüdischen Totengebeinen setzte die Sammlung der Totengebeine, also die von Gott verheißene Sammlung der Juden ein, um sie in das Land ihrer Väter zurückzuführen. Als sehr verdorrte Gebeine erreichten sie Zion, um in ihrem biblischen Heimatland wieder zueinanderzufinden. Das verursachte ein lautes Rascheln, denn die Heimkehr der Juden nach Eretz-Israel und die damit verbundene Entstehung des Judenstaates Israel löste in den Medien Schlagzeilen aus, die von niemandem in der Welt überhört und übersehen werden konnten.

Zweite Phase

Nachdem die bis dahin losen Totengebeine wieder zueinandergefunden hatten, wuchsen auf diesen Skeletten Sehnen, Fleisch und Haut, sodass sie wieder ein Körper wurden. Die aus aller Welt nach Israel eingewanderten Juden sind sich so fremd wie Ausländer, denn fast 2000 Jahre lang waren sie in allen Himmelsrichtungen verstreut. Nach 2000 Jahren Zerstreuung fragte man sich: Was hat ein Jude aus Marokko noch mit einem Juden aus Polen, ein Jude aus den USA mit einem

Juden aus Äthiopien gemein? Nichts! Dass sie vor 2000 Jahren einmal ein Volk waren, macht sie deshalb nicht zu Brüdern. Und dass sie alle jüdische Glaubensgenossen sind, heißt auch nicht viel, denn die in der ganzen Welt lebenden Christen sind sich trotz ihres gemeinsamen Glaubens auch fremd.

So wie die nach Israel heimgekehrten Totengebeine in ihrer biblischen Heimat wieder ein Körper werden sollen, so werden die aus aller Welt nach Israel eingewanderten Juden in Israel wieder ein Volkskörper. Genau das ist derzeit im Gange. Noch wandern täglich Juden aus aller Welt nach Israel ein. Zur gleichen Zeit aber wird aus den Eingewanderten wieder ein Volk. Da brauche ich nur meine eigene Familie anzuschauen. Gott schenkte uns fünf feine Kinder und dazu fünf prächtige Schwiegerkinder – jedes einzelne Schwiegerkind hätte ich mir genau so ausgesucht. Die Schwiegerkinder kommen jedoch aus Marokko und Bulgarien, aus Kurdistan und Griechenland. Nun können Sie sich vorstellen, wie schön unsere 19 Enkelkinder sind. Durch die Ehen der aus aller Welt heimgekehrten Juden entsteht wieder ein einheitlicher Volkskörper. Jetzt sind wir keine Ausländer mehr füreinander, sondern wieder ein Volk.

Dritte Phase
Ich weiß, die meisten Christen wünschen sich diese dritte Phase, in der sich das jüdische Volk zu ihrem Messias hin bekehrt, als erste Phase. Das ist jedoch falsch verstandene Mission, denn nur wenn unser Wollen und Tun mit dem Plan Gottes übereinstimmt, haben wir Gottes Heilsplan richtig verstanden.

Zuerst müssen die Juden als sehr verdorrte Totengebeine wieder nach Zion heimkehren. Und die meisten Einwanderer kehren glaubensmäßig als sehr verdorrte areligiöse Juden in das Land ihrer Glaubensväter zurück. Doch im Lande ihrer Väter wird aus den Totengebeinen, aus den heimgekehrten Juden, wieder ein Volk. Und erst wenn dies geschehen ist, nicht früher, bläst Gott seinen Lebensgeist in die bis dahin geistlich leblosen Körper: Erst dann, in der dritten Phase, werden die Juden, die bis dahin nur dem *Stande* nach heilig (von Gott auserwählt) waren, auch dem *Zustande* nach heilig sein.

Das erinnert mich an eine amüsante Begebenheit:

Als die britische Königin Elizabeth II. sieben Jahre alt war, strich ihr der Erzbischof übers Haar und fragte: „Wie geht es denn der kleinen Lady?" Daraufhin antwortete Elizabeth selbstbewusst: „Ich bin keine Lady, ich bin eine Prinzessin!" Da schaltete sich ihre Mutter ein und sagte: „Als Prinzessin bist du geboren, aber eine Lady musst du erst noch werden!"

So ist es nicht nur mit dem Volk Israel, sondern auch mit den Christen. Die Juden sind zwar von Gott auserwählt und die Christen aus Gott geboren, nun aber muss bei beiden noch aus dem heiligen *Stand* der heilige *Zustand* werden. Deswegen müssen wir angesichts der Ereignisse, die unübersehbar Endzeitereignisse sind, unser Leben mit Gott und unseren Mitmenschen in Ordnung bringen. Das bedeutet, wir müssen mit jeglicher Glaubensspielerei aufhören und Gott ungeteilten Herzens gehorchen und ihm mit Geist, Seele und Leib dienen.

Auf einen Blick:
Das LAND ISRAEL

Der Staat Israel umfasst eine Fläche von 27.800 Quadratkilometern,

davon stehen 5633 Quadratkilometer

unter palästinensischer Autonomieverwaltung

inkl. des Gazastreifens mit seinen 364 Quadratkilometern

Israels Länge von der libanesischen Grenze im Norden

bis nach Eilat am Roten Meer im Süden beträgt 470 Kilometer

und an der breitesten Stelle misst Israel 135 Kilometer.

Israels Mittelmeerküstenstrand beträgt 273 Kilometer.

Israel hat 16 Flüsse, die ins Mittelmeer fließen

und 25 Flüsse, die in den Jordan münden.

Die meisten Flüsse führen nur in der Regenzeit Wasser.

Der See Genezareth liegt 212 Meter unter dem Meeresspiegel

und ist 21 Kilometer lang und 9 Kilometer breit.

Das Tote Meer hat eine Länge von 80 Kilometern

und eine Breite von 15 Kilometern,

es liegt 411 m unter dem Meeresspiegel und

besteht zu 20 % aus Magnesium, Brom und Jod.

Knapp zwei Drittel Israels sind Wüste und Steppe.

Um TROST war mir
SEHR BANGE...

Martin Luther übersetzte Jesaja 38,17 folgendermaßen:
„Um Trost war mir sehr bange, du aber hast dich meiner
Seele herzlich angenommen, auf dass sie nicht verdür-
be; denn du wirfst alle meine Sünden hinter dich".

Hermann Menge verdeutschte diesen Vers wie folgt:
„Wahrlich, zum Heil ist mir das bittere Leid geworden;
du hast ja mein Leben von der Grube der Vernichtung
ferngehalten; denn alle meine Sünden hast du hinter
deinen Rücken geworfen".

Beide Versionen gipfeln wenig später in Jesaja 40,1 in dem
Appell:
„,Tröstet, tröstet mein Volk!', spricht euer Gott; ,redet herzlich zu meiner Stadt Jerusalem, ruft ihr zu, dass ihre Lei-
denszeit ein Ende erreicht hat, weil ... sie von der Hand
des HErrn doppelte Strafe empfangen hat für alle ihre
Sünden'".

Das zweifache „tröstet, tröstet" ist nicht eine schönklin-
gende prosaische Verdoppelung, sondern hat im hebräischen Text eine tiefe Bedeutung. Der hebräische Text wird
allgemein „nachamu, nachamu ami" gelesen, was übersetzt „tröstet, tröstet, mein Volk" heißt. Das letzte Wort
schreibt sich *ajin-mem-jud*. Da der erste Buchstabe dieses
Wortes, das *ajin*, in diesem Fall ein anlautender Buchstabe

ist, kann dieses Wort anstatt *ami* auch *imi* heißen. Demnach wird dieser Satz „nachamu, nachamu imi" gelesen. Weil man im Hebräischen nur die Konsonanten schreibt, was in unserem Fall in beiden Versionen *ami* und *imi* die gleichen Konsonanten sind – *ayin - mem - jud* – besteht der Unterschied bei *ami* und *imi* nur aus einem Strich unter dem Buchstaben *ayin* oder aus einem Punkt unter dem Buchstaben *ayin*.

Hier ist jedoch zu beachten, dass die Punktation der hebräischen Schrift erst im 8. Jh. n. Chr. hinzugefügt worden ist. Der Text des Alten Testamentes war also bis ins achte Jahrhundert nach Christus unpunktiert. Um im Laufe der Zeit den Klang der hebräischen Sprache und die Bedeutung der Worte nicht zu verlieren, punktierte man nachträglich die Sprache, das heißt man ergänzte sie durch Punktvokale.

Schriftexegeten, die den unpunktierten Text mit Texten aus der Zeit Jesajas vergleichen, kommen zu der Annahme, dass der Text eigentlich „nachamu, nachamu *imi*" heißt und das heißt übersetzt: „tröstet, tröstet *mit mir*, spricht euer Gott", im Sinne von „wir wollen *zusammen* hingehen und Jerusalem trösten – tröstet, tröstet *mit mir* Jerusalem und redet herzlich zu meiner Stadt", denn in diesem Abschnitt ist nur von Jerusalem die Rede und nicht vom Volk Israel.

Es geht hier also um einen doppelten Trost. Himmel und Erde sollen gemeinsam Jerusalem trösten und der Stadt von Herzen freundlich zureden. Ein einfacher und gewöhnlicher Trost reicht nicht aus, um Jerusalem zu trösten, da Jerusalem schließlich doppeltes Leid erfahren hat.

Das hebräische Wort „nachamu – tröstet" ist ein Imperativ, also eine Befehlsform. Die Befehlsform Gottes bittet uns nicht, Jerusalem zu trösten, sondern befiehlt uns, Jerusalem zu trösten und darüber hinaus (wiederum zweifach) *mit* und *über* Jerusalem freundlich zu reden.

Das Wort „nachamu – trösten" bedeutet „sprecht Jerusalem Mut zu", denn die Stadt hat ihre Schuld gesühnt (hebr. *Nirza*) oder wie es woanders heißt, „abgegnadet" (hebr. *Ischt`wiqu*) weil Jerusalem *doppelt* bzw. *mehr als reichlich* Strafe für ihre Schuld empfangen hat. Hier fragt man sich: Wo bleibt die Gerechtigkeit Gottes? Warum hat Jerusalem *doppelte* Strafe empfangen? Gewiss, man könnte an das Wort aus 1. Korinther 11,32 denken, dass Gott die, die er liebt, besonders hart züchtigt, damit sie nicht mitsamt der Welt verlorengehen.

So einfach ist die Antwort darauf jedoch nicht, denn in Sacharja 1,14-15 lesen wir: „… Ich (der HErr) bin mit großem Eifer für Jerusalem und für Zion erfüllt, hege heftigen Zorn gegen die sorglos dahinlebenden Heidenvölker, die, während *ich* über Israel ein *wenig* erzürnt war, *ihrerseits* zum Unheil *mitgeholfen* haben" im Sinn von „*zusätzliches* Leid hinzugefügt haben. Das erklärt auch den schrecklichen Holocaust. Der Mord an sechs Millionen Juden war nicht das, was Gott mit *ein wenig erzürnt* gemeint hat, sondern was die Heiden ihrerseits noch hinzugetan haben. Daher ist der HErr nun über die Heidenvölker erzürnt und befiehlt aus diesem Grund das doppelte Maß an Trost über Jerusalem, das hiermit zum Synonym für das gesamte jüdische Volk wird.

Gott hat sein Volk Israel nie verlassen, seine *Schechina,* das ist das hebräische Wort für „Gegenwart Gottes", war mit den Israeliten in Ägypten, seine Gegenwart war mit Israel in der babylonischen Gefangenschaft und seine Gegenwart war mit den Juden auch in Auschwitz. Er war der Erste, der in Auschwitz ankam und er war der Letzte, der Auschwitz verließ. Er hat *zusammen* mit seinem Volk gelitten. Deshalb ruft der Herr uns auf, zusammen mit ihm Jerusalem zu trösten, denn wenn der Herr sagt: „Siehe, ich bin bei euch alle Tage!", meint er damit nicht nur die guten Tage, sondern auch die Zeiten tiefster Not. Das aber gilt nicht nur dem jüdischen Volk, sondern jedem, der zum Volk Gottes bzw. zur Gemeinde Christi gehört.

Als Gott sich Mose am brennenden Busch vorstellte und ihm seinen Namen JHWH (jud-heh-waw-heh) nannte, sagte der HErr: *„ehije-ascher-ehije"* (2. Mose 3,14) und das heißt korrekt übersetzt: „Ich bin der Dabeiseiende", denn es ist Gottes Wesen allezeit dabeizusein. In diesem „Immer-Dabeisein Gottes" liegt auch Gottes Trost, weil er alles vor Ort selber miterlebte und mitdurchlitt. Echter Trost ist daran zu erkennen, dass sich der Tröstende mit dem zu Tröstenden identifiziert.

Gottes Trost ist an keine Bedingung geknüpft. So wie er sich mit Israel identifiziert, trotz allem, was Israel getan hat, sollen auch wir uns mit Israel – so wie es ist – identifizieren. Hier tritt wieder dieses *imi* in Kraft, dieses Gemeinsam-mit-Gott, denn: „So hat der HErr gesprochen: ‚So wenig der Himmel ausgemessen und die Grundfesten der Erde durchspäht (= erforscht) werden können, so wenig will ich auch die gesamte Nachkommenschaft Israels verwerfen wegen alles dessen, was sie begangen haben‘" (Jeremia 31,37). Wenn Gott sich auf immer und ewig mit Israel identifizieren kann, sollten wir es allemal können. Oder sind wir heiliger oder gerechter als Gott? Der HErr hat Israel nie verlassen und befiehlt (Imperativ) uns, zusammen mit ihm Jerusalem zu trösten und Jerusalem bzw. Israel Mut zuzusprechen.

Doch dem Trost folgt ein praktischer Auftrag: „… In der Wüste bahnt dem HErrn einen Weg, ebnet in der Steppe eine Straße für unseren Gott! Jede Vertiefung soll erhöht und jeder Berg und Hügel abgetragen werden; … damit die Herrlichkeit des HErrn sich offenbare und alles Fleisch insgesamt sie sehe" (Jesaja 40,3-5). Die Alpenländer sind stolz auf ihre Berge. Doch Berge verstellen die Sicht von einem Tal zum anderen. Es sei denn, man steht auf der Spitze eines hohen Berges. Da aber passen nicht alle Menschen drauf, denn schließlich sollen alle Menschen Seine Herrlichkeit sehen. Also müssen wir alle Sichthindernisse abtragen, die den Blick auf den kommenden Messias bzw. auf den wiederkommenden Christos verstellen. Und da haben wir mit uns selbst sehr viel zu tun: Stolz und Überheblichkeit, Selbstlob und Egoismus sind Sichtblenden, die dem, der nach Gott sucht, den Blick auf den HErrn verstellen.

In unserem Text ist von einer *Wüste* und einer *Steppe* die Rede, was im Hebräischen *Midbar* und *Arawa* heißt. Diese Begriffe sind, genauso wie die Bezeichnungen „Wüste Sahara" und „Wüste Gobi" Eigennamen der israelischen Wüste „*Midbar*" und Steppe „*Arawa*" (Einöde). Es ist damit also ausdrücklich Israels Wüste und Steppe gemeint. Dort soll für das Kommen des Messias Bahn gemacht werden. Und damit sind wir im aktuellen Bereich, denn vor unseren Augen geht buchstäblich in Erfüllung, was Gott in Jeremia 31,10 verheißen hat: „Er, der HErr, der Israel zerstreut hat; Er, der HErr, sammelt es auch wieder und hütet es wie ein Hirte seine Herde".

Gott war mit Israel, als die Israeliten unter alle Völker zerstreut waren, und zieht nun wieder mit seinem Volk zurück nach Zion, denn ehe der Messias kommen kann, muss das unter alle Völker zerstreute jüdische Volk nach Zion heimgekehrt sein – das ist nur ein Aspekt des Bahnmachens in der Wüste und Steppe. Mittlerweile sind die Juden aus 144 Nationen (Stand: 2006) nach Zion heimgekehrt. Das Besondere ist, dass sie in ein Land zurückgekehrt sind, das seit über 1500 Jahren zur Wüste und Steppe geworden ist und das sie erst wieder fruchtbar machen mussten.

Im Norden Israels mussten die heimgekehrten Juden malariaverseuchte Sümpfe trockenlegen. Das Hula-Naturreservat erinnert noch heute an diese Horrorarbeit. Viele Juden verloren bei der Trockenlegung ihr Leben, weil sie sich dabei der Malaria- und Gelbfiebergefahr aussetzten. Außerdem lauerten ihnen auch die Araber bei der Arbeit auf, um sie zu töten. Daher entstanden dort die ersten jüdischen Wehrsiedlungen.

Im Süden Israels musste die Wüste wieder bewässert und fruchtbar gemacht werden. Noch heute zeugen Wüstenstädte wie Mamschit, Subeita oder Avdat davon, dass diese Wüste früher einmal ein fruchtbarer Garten war, der nicht nur seine Bewohner mit Gemüse und Obst versorgte, sondern auch die durchreisenden Händler und Karawanen. Mit der Eroberung dieses Landes durch die Moslems im 7. Jh. wurde aus dieser Kornkammer eine trostlose unfruchtbare Wüste. Heute ist diese Wüste wieder ein fruchtbarer Garten, in dem unter gesunder Freilichtsonne Früchte reifen, die in Europa sonst nur in Treibhäusern gedeihen. Juden aus Europa, die früher Akademiker und Ärzte, Rechtsanwälte und Bankiers waren, also alles andere als Ackersleute, legten Hand an, damit die Wüste wieder fruchtbar wurde. Jahrhunderte lang haben Völker versucht, dieser Wüste Fruchtbarkeit abzugewinnen, doch die Wüste blieb Wüste. Dann kamen die Juden, die rechtmäßigen Erben dieses Landes, und die Wüste wachte aus ihrem Dornröschenschlaf auf.

Auch das Zentrum des Landes war im Laufe der Jahrhunderte zur Steppe und Einöde geworden. Klöster pflegten in ihren ummauerten Klostergärten Wein und etwas

Agrarwirtschaft und die arabischen Dörfer hatten neben Olivenbäumen und Gemüse für ihren Eigenbedarf kaum etwas angebaut. Ihre Schafe und Ziegen lebten von dem spärlichen Grün, das zwischen den Steinen wuchs.

Mitte des 19. Jahrhunderts kamen schwäbische Pietisten, die „Templer", ins Heilige Land und gründeten sechs Templersiedlungen, deren Mitgliederzahl 1.325 Mitglieder erreichte. Doch auch sie konnten nicht in Eretz Israel sesshaft werden, sie waren, wie alle anderen vor ihnen nur Vorüberziehende (Hesekiel 36,34).

Dann jedoch kamen die Juden. 1909 gründeten drei Kilometer nördlich von Jaffo 60 jüdische Familien mitten im Dünensand die Stadt Tel Aviv (Frühlingshügel) und als diese Stadt rasant wuchs, war man gezwungen, die östlich von Tel Aviv gelegene versteppte Einöde fruchtbar zu machen, um die Bewohner von Tel Aviv mit Obst und Gemüse versorgen zu können. Das Fruchtbarmachen dieser Einöde war harte Knochenarbeit. Davon kann auch ich berichten.

1964 zog ich mit meiner Frau Barbara ins Gelobte Land. Wir begannen unser Leben in Israel in einem Kibbuz, der 15 Kilometer östlich von Tel Aviv lag. Das war damals direkt an der jordanischen Grenze. Manchmal meine ich noch heute Schwielen an meinen Händen zu fühlen, denn ich arbeitete in einem Weinberg, der zum Teil erst angelegt werden musste. Da mussten wir die schweren scharfkantigen Steine umwälzen, die seit Jahrhunderten durch die

Erosion verwittert waren, um an den darunterliegenden Mutterboden zu kommen. Erst wenn wir eine Fläche freigeräumt hatten, konnten wir Weinsetzlinge pflanzen. Unser Chefwinzer war Schaul Rudberg, ein Jude aus Königsberg, der aus einer Akademikerfamilie stammte. Er war *jekkisch* pedantisch und spornte uns durch sein Vorbild zu größtem Fleiß an, denn nur so konnten wir die steinige Steppe besiegen. Dort im Kibbuz wurde auch unser erster Sohn Aviel, was übersetzt „mein Vater ist Gott" bedeutet, geboren. Weil der Kibbuz eine Gemeinschaftssiedlung ist, in der alle Mitglieder alles gemeinsam haben, kam er nach der Geburt sofort ins Kinderhaus 3, Bett Nummer 7. Nur unter dem Motto: „Einer für alle und alle für einen" gelang uns damals der Aufbau des Landes und damit die Urbarmachung der Einöde.

Wer meint, ich sei von meinem „theologischen" Thema abgeschweift, irrt, denn das in Erfüllunggehen der Verheißungen ist keine theologische Theorie, sondern theologische Realität. So realistisch wie die Zerstreuung Israels unter alle Völker war, genauso realistisch ist nun ihre Heimkehr nach Zion und der damit verbundene Aufbau des Landes als Bahnmachen für das Kommen des Messias.

Die Josef-Geschichte berichtet in 1. Mose 37 bis 50 davon, wie Josef von seinen Brüdern für 20 Silberlinge nach Ägypten verkauft wurde. Dort machte er, nach einer anfänglichen Zeit im Gefängnis, Karriere am Hofe Pharaos und wurde zum Zweiten Pharao. Er wurde also zu dem

Mann, der nach Pharao die meiste Macht hatte. Josef hieß in Ägypten nicht Josef, sondern *Zaphenat Panea* was übersetzt „Brot des Lebens" bedeutet, denn Josef brachte mittels seiner ihm von Gott gegebenen Weisheit das nicht hebräische Volk der Ägypter sicher durch die sieben Hungerjahre.

Auch Jesus wurde verkauft und zwar für 30 Silberlinge. Daraufhin wurde er – wie Josef – zuerst für die Heiden, also für die Nichtjuden zum *Zaphenat Panea,* zum „Brot des Lebens" wie Jesus sich in Johannes 6,35 selbst nennt. Er wurde für die Nichtjuden zum Messias und damit zum Retter-Heiland der Welt.

Am Ende der Tage (Luther übersetzt hier *Endzeit)* kam die Hungersnot auch über Josefs Familie. Deshalb zogen auch seine Brüder nach Ägypten, um Korn zu kaufen. Doch inzwischen hatte sich Josef in Ägypten derart verändert, dass seine Brüder ihn nicht mehr erkennen konnten, denn sie sahen in ihm nur den Zweiten Pharao. Josefs Aussehen und Sprache waren ägyptisch. Obwohl Josef seine Brüder sofort erkannt hatte und auch ihre Sprache verstand, die ja seine Muttersprache war, gab er sich ihnen nicht sofort zu erkennen, sondern sprach mit ihnen mittels eines Dolmetschers.

Dieses Versteckspiel machte Josef so lange, bis auch der Letzte seiner Familie, in diesem Fall Benjamin, an seinem Tische saß. So hatte Josef seine Brüder, obwohl sie ihm Böses angetan hatten, durch alle Hungersjahre versorgt und sie am Leben erhalten, ohne dass sie ihn erkannt hatten. Erst als der Letzte, Benjamin, bei ihm war, schickte er die Fremden und Dolmetscher fort, sodass sie allein waren, und gab sich seinen Brüdern zu erkennen: „*Ani Josef* – ich bin Josef", euer Bruder.

Josef ist im Judentum der Prototyp des Messias, der, ehe er seinen eigenen Brüdern bzw. seinem eigenen Volk zum Messias wird, zuerst den Nichtjuden zum Retter und Heiland wird. Solange er in Ägypten als Zweiter Pharao die Nichtjuden am Leben erhielt, hat er im Judentum den Namen „Messias Ben Josef". Nachdem er sich seinen jüdischen Brüdern zu erkennen gegeben hatte, wurde aus dem „Messias Ben Josef" der „Messias Ben David", der Messias aus dem Hause Davids, der nun exklusiv für seine jüdischen Brüder da ist – so die jüdische Lehre. Zunächst konnten Josefs Brüder in Josef nicht ihren Bruder erkennen, weil Josef um der Ägypter willen ein Ägypter geworden war. Ebenso konnten hinterher, nachdem er sich seinen Brüdern zu erkennen gegeben hatte, die Ägypter in Josef nicht mehr ihren Zweiten Pharao erkennen.

Warum hat Gott zugelassen, dass Josef an die Heiden verkauft wurde? Damit auch die Heiden gerettet werden! Deshalb wurden die Juden, wie Paulus in Römer 11,11-12 schreibt, von Gott nicht verworfen, sondern nur für eine gewisse Zeit ins Abseits gestellt, damit auch die Nichtjuden errettet und in den Heilsbaum der Erwählung hineingepfropft werden können. Zunächst war das Heil exklusiv nur für die Juden (5. Mose 7,7-8), so wie es auch Jesus anfänglich lehrte: In Matthäus 15,24 sagt er, dass er nur zu den verlorenen Schafen Israels gesandt sei und nicht zu den Heiden. Nun aber erhielten die Heiden durch Israels Zurückstellung die Chance, sich durch ihre Bekehrung in den Heilsbaum der Erwählung einpfropfen zu lassen.

Hier aber müssen wir beachten, dass Josef zuerst unter den Heiden (Nichthebräern/Nichtjuden) wirkte und zum Ägypter wurde, um die Ägypter zu retten. Sein Auftrag war es, die Ägypter am Leben zu erhalten und nicht, aus ihnen Hebräer zu machen. Genauso wurde Christus den Griechen ein Grieche und um die Deutschen zu retten ein Deutscher und um der Schweizer willen ein Schweizer und um der Österreicher willen ein Österreicher, denn er hat sich nicht ans Kreuz schlagen lassen, um aus den Heiden Juden zu machen, sondern um sie als „Brot des Lebens" vor dem ewigen Tod zu retten.

In diesem Josef-Vergleich ist Christus für die Heidenvölker der „Messias Ben Josef" und für die Juden der „Messias Ben David". Das aber sind keine zwei Messiasse, sondern nur *ein* Messias, der sich den verschiedenen Völkern nur unterschiedlich offenbart, um sie zu erretten. Dabei müssen wir beachten, dass Josefs Brüder ihn erst erkennen konnten, als Josef sich ihnen zu erkennen gab.

Das musste auch Petrus erfahren, als er bekannte: „Du bist Christus, der Sohn des lebendigen Gottes!" Da antwortete Jesus ihm: „Das hat dir nicht Fleisch und Blut offenbart, sondern mein Vater im Himmel" (Matthäus 16,17). Petrus hatte in Jesus den besten Lehrmeister und das beste Vorbild, doch zur Erkenntnis, dass Jesus der Sohn Gottes ist, kam er erst und allein durch Gottes Offenbarung. Darum sagt Jesus in Johannes 15,16: „Nicht *ihr* habt mich erwählt, sondern *ich* habe euch erwählt!" So werden die Juden erst ihren Messias erkennen, wenn er sich ihnen offenbaren wird, d.h. Er bestimmt nicht nur, *wen* er erwählt, sondern auch *wann* er sich seinem Volk zu erkennen gibt. Daher kann niemand ohne Sein Dazutun zum Glauben kommen – das gilt besonders dem jüdischen Volk, das um der Heiden willen „Augen des Nichtsehens und Ohren des Nichthörens" bekam und daher ganz darauf angewiesen ist, wann der Messias sich Israel zu erkennen gibt.

Dabei sollte man noch einen weiteren Gedanken berücksichtigen: In der Weihnachtsgeschichte, so wie sie uns Matthäus überliefert, finden wir den Satz: „Dies alles ist geschehen, damit das Wort erfüllt würde, das der HErr durch den Propheten gesprochen hat, der da sagt (Jesaja 7,14): ‚Seht, die Jungfrau wird guter Hoffnung werden und einen Sohn gebären, dem sie den Namen *Immanuel* geben wird', das heißt übersetzt ‚Gott mit uns'."

Warum man sich nicht an diese Anweisung gehalten hat und den Knaben *Jeschua (Jesus)* und nicht *Immanuel* genannt hat, wird dadurch erklärt, dass Marias angetrauter Mann Josef im Traum den Auftrag bekam, das Kind *Jeschua – Jesus* zu nennen (Matthäus 1,21). Warum nicht

Immanuel, wie es der Prophet Jesaja voraussagte? Man kann dies mit dem von seinen Brüdern nach Ägypten verkauften Josef vergleichen, der, solange er in Ägypten war, um die Nichthebräer vor dem Tod zu retten, *Zaphenat Panea* hieß (1. Mose 41,45) und nicht *Josef*.

Als seine Brüder nach Ägypten kamen, gab er sich ihnen jedoch unter seinem echten ursprünglichen Namen *Josef* zu erkennen (1. Mose 45,3). Daher könnte es sein, dass der von den Nichtjuden *Jesus* genannte Messias, wenn er sich seinem Volk Israel zu erkennen geben wird, sich mit seinem eigentlichen Namen *Immanuel* offenbart, denn der Name *Immanuel* „Gott mit uns!" ist der von Gott für Israel verheißene Hoffnungsträger und Messias, sodass er unter dem Namen *Immanuel* Israel aus der in Sacharja 12 angekündigten Kriegskatastrophe herausretten wird.

Die Israel gegebene Verheißung „Gott mit uns!" wurde immer wieder von fremden Kriegsherren missbraucht: zum Beispiel bei den Kreuzzügen oder dem Dreißigjährigen Krieg (1618-1648), bei dem sich Katholiken und Protestanten so lange bekämpften, bis zwei Drittel von Europa in Schutt und Asche lagen und über 20 Mio Menschen vernichtet waren. Das Makabre war, dass der Schlachtruf des protestantischen Heeres unter König Gustav Adolf „Gott mit uns!" von Wallensteins Katholiken übernommen wurde, sodass sie sich gegenseitig mit dem Ruf „Gott mit uns!" umbrachten. Auch die Soldatenkoppeln im deutschen Kaiserreich trugen die Inschrift „Gott mit uns!" und selbst im Hitlerreich stand über dem Hakenkreuz der Soldatenkoppeln „Gott mit uns!" – dabei ist diese Zusage allein Israel zugedacht.

Gott hat diese *Immanuel*-Verheißung allein dem jüdischen Volk zugesagt. In unserer Zeit proklamieren jedoch die Islamisten aus den arabischen Ländern und Moslems unter Anführung des iranischen Präsidenten Ahmadinedschad „Allah mit uns!" Dennoch, Israel braucht sich nicht zu fürchten, denn Gottes *Immanuel* wird Israel in der Not beistehen und Israel zum Sieg verhelfen, damit auf Erden der langersehnte Frieden einkehren kann.

Auf einen Blick:
Der STAAT ISRAEL

Die Flagge des Staates Israel mit ihren zwei blauen Streifen und dem
Davidstern in ihrer Mitte auf weißem Grund zeigt einerseits eine
stilisierte Darstellung des jüdischen Gebetsmantels (*Tallit*) und
andererseits den Davidstern (*Magen David*). Der Stern, der aus zwei
Dreiecken besteht, stellt die beiden Schilde Davids, die *Magen* David
heißen, dar. Das eine Dreieck zeigt von Gott zum Menschen hinunter
und das andere vom Menschen zu Gott hinauf. Die sechs Sternspitzen
bedeuten die sechs Arbeitstage, die von dem im Zentrum platzierten
Schabbat bestimmt werden.

Israels Staatswappen, der siebenarmige Leuchter (*Menora*), ist
umgeben von zwei Olivenzweigen, so wie es bereits der Prophet
Sacharja im vierten Kapitel erwähnt.

Israels Nationalhymne ist die *HaTikwa — die Hoffnung*.

Israel ist eine parlamentarische Demokratie, bestehend aus
Legislative, Exekutive und Judikative. Die Organe sind das Amt
des Präsidenten, das Parlament (*Knesset*) mit 120 Abgeordneten.
Jeder israelische Staatsbürger, ob Jude, Moslem, Christ oder welcher
Religion er auch immer angehört, hat das Recht, die *Knesset* zu
wählen und in die *Knesset* gewählt zu werden.

Israel hat sich dazu verpflichtet, die Religionsfreiheit zu garantieren
und den religiösen *Status quo* zu respektieren.

Das „GOLDENE KALB"

Warum machten sich die Israeliten bereits so kurz nach dem Auszug aus Ägypten ein goldenes Kalb? Wollten sie dem Gott, der sie mit Zeichen und Wundern und starker Hand aus dem Sklavenhaus Ägypten herausgeführt hatte, den Rücken zukehren? Was steckt hinter dieser Revolte? Den Bericht über das folgenschwere Ereignis des goldenen Kalbes findet man u.a. in 2. Mose Kapitel 32.

Zur Erinnerung wiederhole ich, dass alles mit Josef begann, der 1890 v. Chr. (Zeitrechnung: Rienecker u. Rohl) von seinen Brüdern als Sklave nach Ägypten verkauft wurde. Doch Gott wendete das Böse zum Guten. So machte Josef als Finanzjude am Hofe Pharaos Karriere und brachte durch seine von Gott gegebene Weitsicht die Ägypter gut durch die sieben Hungerjahre. Damit ging Josef als „Messias ben Josef" in die Geschichte ein, denn ehe er für seine Brüder zum Lebensretter wurde, wurde er den Nichtjuden zum „Brot des Lebens", wie sein ägyptischer Name Zaphenat-Panea übersetzt heißt. So wurde Josef um der Ägypter willen ein Ägypter, damit sie gerettet werden. Als er sich später seinen Brüdern zu erkennen gab, wurde aus ihm der „Messias Ben David", um seine eigenen Brüder am Leben zu erhalten. Darauf bezieht sich auch Paulus, als er in Römer Kapitel 9 bis 11 schreibt, dass die Juden um der Nichtjuden willen für eine gewisse Zeit zurückgestellt werden, aber nur so lange, bis alle Nichtjuden, die zur Vollzahl der Gemeinde Gottes gehören, durch den „Messias ben Josef" gerettet sind. Danach wendet sich das Heil wieder den Juden zu, die dann durch den „Messias ben David" in ihrer Gesamtheit gerettet werden. Der „Messias ben Josef" und der „Messias ben David" sind ein und dieselbe Person, der jedoch in unterschiedlicher Weise Heiden und Juden rettet.

Josef holte 1875 v. Chr. seinen Vater Jakob und dessen 70-köpfige Familie nach Ägypten. Aus dieser Sippe wurde in Ägypten das große Volk der Israeliten. Doch 23 Jahre nach Josefs Tod kam ein Pharao, der nichts von Josefs Rettungstat wusste und die Israeliten zu Sklaven machte. Damit begann die 400-jährige Sklaverei, die mit dem Auszug aus Ägypten unter Moses Führung ihren Abschluss fand.

Es gab Zeiten, da glaubte man den biblischen Geschichten ohne Wenn und Aber, so wie man mittelalterlichen Heiligenlegenden glaubte. Dem folgte im 18. Jahrhundert die Zeit der Aufklärung und damit die Zeit der Bibelkritik, die fast alle biblischen Berichte ins Reich der Märchen verwarf. Mittlerweile aber sind die Bibelwissenschaft und die Archäologie wissenschaftlich stark fortgeschritten, sodass sie heute die biblischen Berichte neutral und wissenschaftlich unter die Lupe nehmen können, und als Ergebnis die biblischen Berichte in ihren Fakten bestätigen. Damit entziehen sie der vom Atheismus geprägten Bibelkritik den Boden. Auch der Bericht vom goldenen Kalb ist real nachvollziehbar.

Es ist merkwürdig, dass die Israeliten bereits im ersten Jahr ihres Auszugs aus Ägypten das goldene Kalb schufen. Man kann nicht annehmen, dass sie bereits in den ersten Monaten ihrer Freiheit vergessen hatten, wie sich vor ihnen das

Schilfmeer geteilt hatte, damit sie sicher hindurchgehen konnten, und wie dasselbe Meer hinter ihnen über Pharaos Heer zusammenschlug. Warum also schufen sie das goldene Kalb? Ein Affront gegen Gott konnte es nicht sein, denn er hatte ihnen bis dahin nur Gutes getan und die Zeit der Entbehrungen während der 40-jährigen Wüstenwanderung lag noch vor ihnen.

Man darf dabei nicht vergessen, dass die Israeliten zu dieser Zeit noch keine Verfassung hatten, also im wörtlichen Sinn ein gesetzloses Volk waren. Die Gesetzgebung in Form der Zehn Gebote sollte ja erst mit Mose kommen. Mose aber kam nicht! Das machte das Volk nervös und ungeduldig. Ein Ungeduldiger handelt oft töricht.

Jeder Betrug lässt sich in irgendeiner Weise erklären. Das gipfelt darin, dass man ihn irgendwann rechtfertigen will und manchmal sogar als von Gott gewollt ansieht. Es gibt Menschen, die für das goldene Kalb eine rechtfertigende Erklärung haben. Sie berufen sich auf den Hohenpriester Aaron, der das goldene Kalb schuf.

Andere sehen im goldenen Kalb eine Sünde und den großen Betrug, weil Gott diejenigen bestrafte, die dem goldenen Kalb Opfer darbrachten, vor ihm niederfielen und es anbeteten und daraus ein Fest machten, in der Meinung, sie würden damit Gott feiern.

„Als das Volk sah, dass Mose *ausblieb*" (Luther) oder wie andere Übersetzer schreiben *verzog* (Schlachter), *säumte*

(Elberfelder) und *auf sich warten ließ* (Menge), wurde es unruhig. Mose hatte die Israeliten *enttäuscht*, wie es im Hebräischen heißt, denn er hatte ihnen nicht gesagt, dass er *so* lange ausbleiben würde. Man hatte mit sechs Tagen gerechnet; dass er aber 40 Tage ausblieb, war zu viel für das Volk.

Psychoanalytiker würden Mose als den eigentlichen Schuldigen an diesem Desaster hinstellen. Ihrer Meinung nach ist auch die Mutter daran schuld, wenn ihr Kind während ihrer Abwesenheit in der Wohnung alles zertrümmert, weil sie versäumt hat, ihrem Kind zu sagen, dass sie später nach Hause kommt. So ist Freuds Psychoanalyse nichts weiter als eine Schuldverschiebung.

Weil Mose lange über die von den Israeliten angenommene Zeit hinweg fortgeblieben war, glaubten sie, er sei in der Einsamkeit des Sinai-Gebirges umgekommen. Das erzeugte bei ihnen ein Gefühl größter Hilflosigkeit. War es nicht Mose, der sich vor dem Pharao für ihre Freilassung einsetzte? War es nicht Mose, der mit seinem Stab Zeichen und Wunder tat und damit sogar das Schilfmeer teilte? Was sollten sie ohne Mose machen? Seine Brüder Aaron und Hur waren zwar gute Menschen, aber keine Führerfiguren, die ihnen voranziehen konnten. So verlangten sie jemanden, der ihnen wie Mose voranzog.

Ihre Sünde war nicht ein Verstoß gegen das erste Gebot „Du sollst dir keine anderen Götter machen", sondern ein Verstoß gegen das zweite Gebot: „Du sollst dir kein Gottesbild anfertigen noch ein Abbild von dem, was im Himmel oder auf der Erde ist … Du sollst dich vor ihnen nicht niederwerfen und sie nicht anbeten" (2. Mose 20).

Das goldene Kalb sollte nicht an die Stelle Gottes treten, sondern nur an die Stelle des ausgebliebenen Moses. Diese Konstellation machte es Aaron leicht, dem Begehren des Volkes, ein goldenes Kalb zu schaffen, nachzugeben. Schließlich handelt es sich ja nicht um einen Abgott. Daher ist zu verstehen, dass Aaron nicht einmal durch eine Gegenrede Widerstand leistete.

Mose war für die Israeliten der Mittler zwischen Gott und ihnen. Doch weil Mose sie durch sein Ausbleiben enttäuschte, machten sie sich mit dem goldenen Kalb einen eigenen Mittler zu Gott hin. Die Blasphemie liegt darin, dass Menschen sich selbst Mittler zu Gott schaffen. Hier müssen sich die Christen fragen, wie viele Mittler sie sich in Form von Heiligenfiguren geschaffen haben. Diese sollen, genauso wie das goldene Kalb, nicht Gott ersetzen, sondern nur als sichtbare Mittler zu dem unsichtbaren Gott fungieren.

Paulus bezeichnet solche Idolfiguren als realitätsfremd gegenüber dem wahren und einzigen Gott (Römer 1,25; 1.Thessalonicher 1,9). Hinsichtlich des Bilderkultes (Idololaterie) blieben für die Christen die alttestamentlichen Bestimmungen voll in Kraft. Das bezeugen u.a. Kirchenväter wie Tertullian (2. Jh.) und Chrysostomus (4. Jh.), die in der Bilderverehrung und im Götzendienst die Ursache des Gerichts über die Welt sahen.

Da die Urchristen keine Götterbilder hatten und damit nach heidnischer Anschauung auch keinen Gott, erhielten sie von den Heiden das tadelnde Prädikat *Athei*. Die Heiden nannten die Christen, weil sie keine Götter- und Heiligenfiguren verehrten, *Atheisten*. Tertullian, der ausführlich über den Bilderdienst schreibt, setzt bereits das Anfertigen von Idolen dem Anbeten derselben gleich und verurteilt das Entzünden von Weihrauch und Lichtern vor Bildnissen aller Art als Sünde. Die frühe Kirche ließ Hersteller von Idol- und Götzenfiguren nicht eher zur Taufe zu, bis diese ihr Gewerbe aufgegeben hatten (*Constit. Apost. VIII 32*).

Ungeachtet aller alttestamentlichen und neutestamentlichen sowie frühkirchlichen Warnungen fand man immer Argumente, die das Herstellen von Bildnissen zu rechtfertigen versuchten. Die häufigste und stärkste Begründung war und ist die Rückendeckung durch den Klerus. Der Hohepriester Aaron war das Alibi der Israeliten, denn nachdem Aaron der Herstellung des goldenen Kalbes zugestimmt hatte, stand das goldene Kalb sozusagen unter der Schirmherrschaft Gottes. Das war der große Irrtum, der letztendlich zum großen Betrug führte.

Es ist leicht gesagt, dass die Israeliten Aaron zwangen, ihrem Begehren zuzustimmen. Denn Aaron fürchtete, es würde zu einem Volksaufstand mit Toten kommen, sollte er sich weigern. Dass hinterher auf Befehl Gottes die Leviten mit dem Schwert durch das Lager zogen, um alle umzubringen, die das goldene Kalb angebetet hatten, ist die böse Kehrseite dieser sogenannten humanen Haltung Aarons. Auch Petrus meinte es nur gut, als er angesichts der Leidensankündigung von Jesus sagte: „Das widerfahre dir nur nicht!" Jesus wies ihn hart zurecht: „Geh mir aus den Augen Satan, ein Fallstrick bist du mir, denn du meinst nicht, was göttlich ist, sondern was menschlich ist" (Matthäus 16,23).

Man fragt sich, warum Aaron ausgerechnet als „goldenes Kalb" den *Apis*-Jungstier wählte, der in Ägypten als Gott verehrt wurde. Immerhin stand ihm offen, in welcher Form er die „Mose-Ersatzfigur" gestaltete. Die frisch aus Ägypten ausgezogenen Israeliten und vor allem auch Aaron mussten wissen, dass in Ägypten im Land Gosen, in dem die Israeliten gelebt hatten, Osiris als Gott der Unterwelt verehrt wurde. Die Osiris-Statuen waren in der Form des Apis-Stieres. Dazu kommt, dass die Provinz, in der die Israeliten als Sklaven dienten, *„Schwarzer Stier"* hieß. Wollten sie nun den Götzen derer anbeten, unter deren Knute sie Sklaven waren und die ihre Knaben im Nil ertränken ließen?

Manche führen zur Entschuldigung Aarons an, dass der Stier nur als Sockel diente, denn bei den semitischen Völkern, den Ägyptern, Assyrern und Babyloniern, war es üblich, dass auf dem Rücken des Stieres die jeweilige Götterfigur stand. Die Entschuldigung in unserem Fall lautet: Weil Aaron den Stierrücken leer ließ, wollte er darauf hinweisen, dass JHWH, der alleinige Gott der Israeliten, als unsichtbarer Gott auf dem Rücken des goldenen Kalbes thront. Daher nannte man das goldene Kalb (hebr. *Egäl hasahav*) später *Egäljau „Stier des Herrn"*, also Thron des unsichtbaren Gottes.

Ferner ist zu beachten, dass das Volk (!) Aaron beauftragt hatte, das goldene Kalb herzustellen, und sich nicht selbst solch ein Idol machte. Damit wollten die Israeliten sicherstellen, dass es sich hierbei um ein *heiliges* Werk handelt. Es sollte von gesalbten Priesterhänden gestaltet werden, damit sie es ohne Schuldgefühle anbeten konnten.

Aus welchen Gründen auch immer war Aaron dazu bereit, das goldene Kalb herzustellen. Dazu nahm er einen spitzen Griffel und meißelte in einen Stein die Gussform des Kalbes, dann forderte er das Volk auf: „Nehmt ab die goldenen Ringe, die in den Ohren eurer Frauen, eurer Söhne und eurer Töchter sind und bringt sie mir". Es ist auffallend, dass Aaron nicht schlechtweg Gold vom Volk forderte, sondern ausdrücklich nur Ohrringe. Ein Ohrring ist ein winziges Ding, es gehören also sehr viele dazu, um daraus ein Kalb zu schaffen. So bestand das goldene Kalb aus Tausenden kleinen Teilen, was zeigt, dass das ganze Volk – mit Ausnahme Einzelner – daran beteiligt war.

Aaron nahm die Ohrringe, schmolz sie und goss die flüssige Goldmasse in die steinerne Gussform. Durch die Verschmelzung der vielen Ohrringe wurde das goldene Kalb zu einer Kollektivtat und damit zu einer Kollektivschuld, aus der sich niemand mehr herauswinden konnte. Das heiligste Gebet, das Gott den Israeliten gab, beginnt mit: „Schma

Israel – Höre Israel …!" (5. Mose 6,4 und Markus 12,29). Dass die Israeliten nur ihre Ohrringe abgeben sollten, ist ein Hinweis darauf, dass sie damit ihr Hören auf Gottes Stimme abgelegt hatten.

Aaron gegenüber wohlmeinende Ausleger meinen, dass er bewusst Ohrringe einsammeln ließ, weil er wusste, dass es viel Zeit in Anspruch nehmen würde, daraus eine Stierfigur zu schaffen – in der Hoffnung, dass in der Zwischenzeit Mose zurückkehren und dadurch die Verirrung des Volkes und auch seine Ohnmacht hinfällig würde. Das mag zum Teil stimmen, doch es entschuldigt nicht Aarons leichtfertiges Handeln, denn er musste sich bewusst sein, dass er nicht „irgendjemand" war, sondern ein Gesalbter Gottes und in diesem Fall noch dazu der Stellvertreter Moses. Ein Gesalbter des Herrn ist schließlich nicht nur vom Volk unantastbar und hat nicht nur Privilegien, sondern hat auch von Gott heilige Pflichten übertragen bekommen. Er muss dem Volk ein Vorbild sein.

Als Aaron mit der Herstellung des Kalbes fertig war, war Mose immer noch nicht zurückgekommen. Also war Aarons Verzögerungspolitik fehlgeschlagen. Nun aber sah er die Folgen seiner Tat. Das goldene Kalb machte einen betörenden Eindruck auf die Menge und das begeisterte Volk jubelte: „Dies ist dein Gott, Israel, der dich aus Ägypten herausgeführt hat!" Damit wurde aus der „Mose-Ersatzfigur" eine „Gottes-Ersatzfigur". Damit verwischte die Grenze. Aus der Mittlerfigur wurde ein Gottesersatz. Die gleiche Gefahr besteht mit den Heiligenfiguren im Christentum.

Zur Entschuldigung des Volkes könnte man sagen, dass Gott die Israeliten zwar in nur drei Tagen aus Ägypten herausgeführt hatte, aber 40 Jahre brauchte, um die ägyptische Prägung und die heidnischen Kulte aus den Israeliten herauszuläutern. Bis auf Josua und Kaleb sind alle Israeliten, die in Ägypten gelebt hatten, in der Wüste umgekommen. Das bedeutet, die Israeliten mussten so lange durch die Wüste ziehen, bis eine völlig neue Generation, die Ägypten nicht mehr kannte, ins Gelobte Land einziehen konnte.

Dass das Volk das goldene Kalb als Gott anbetete, hatte Aaron nicht gewollt. Nun blieb ihm nur noch die Flucht nach vorn und so errichtete er vor dem Stierbild einen Altar und kündigte ein „Fest des HErrn" an, an dem man dem HErrn Brand- und Heilsopfer darbringen sollte. Damit wollte er verhindern, dass daraus ein heidnisches Fest wird. Es sollte wenigstens dem HErrn geweiht sein. So erhielt das Ganze einen „göttlichen" Anstrich. Auf diese Weise konnte Aaron zwar vor dem Volk bluffen, nicht aber vor Gott, denn inzwischen sagte Gott zu Mose: „Gehe hinab! Denn *dein* Volk, das *du* aus Ägypten herausgeführt hast, begeht eine große Sünde". Darauf antworte Mose: „Warum soll dein Zorn gegen *dein* Volk entbrennen, das *du* mit großer Kraft aus Ägypten herausgeführt hast?" Beide sagen hier: *Dein* Volk hat gesündigt.

Und beide haben Recht, denn wie sich herausstellte, feierte nur der Pöbel in abgöttischer Ausgelassenheit. Ein bestimmter Teil des Volkes tanzte nicht um das goldene Kalb.

So nimmt man aus der Wortkombination an, dass diejenigen, die zu *deinem Volk (o Gott)* gehörten, nicht mitgefeiert haben. Das waren vor allem die Leviten. Das allgemeine Volk des Moses aber feierte vor dem goldenen Kalb, weil es für sie an die Stelle des totgeglaubten Moses getreten war. Immer dann, wenn sich eine Früherwartung nicht erfüllt, wird das Volk übermütig und lenkt sich durch Dinge ab, die nicht gottgewollt sind. Das war damals so und ist auch heute noch so.

Dasselbe kann man auch über die Wiederkunft Christi sagen. Schon die ersten Jünger Jesu und der Apostel Paulus rechneten damit, dass Jesus noch zu ihren Lebzeiten wiederkommt. Genauso glaubten die Israeliten, dass Mose in sechs Tagen zurückkehrt, denn man kann im Hebräischen statt *boschess* (zögerte) auch *bo-schesch* (kommt in sechs) lesen (2. Mose 32,1), d.h. er kommt in sechs Tagen wieder. Die Fehlinterpretation beflügelte ihre Früherwartung. Diese schlägt jedoch um, wenn der Erwartete, wie zum Beispiel Mose oder Jesus, nicht zu der von ihnen erhofften Zeit wiederkommt.

Immer wieder tauchten in der Kirchengeschichte übereifrige Christen auf, die behaupteten, durch Bibelerkenntnis, Weissagung oder von Gott persönlich erfahren zu haben, dass Jesus dann und dann wiederkommt. Nachdem solche Vorhersagen nicht eingetroffen sind, bildeten sich aus den Anhängern dieser Irrlehrer Sekten, die teilweise bis heute bestehen oder aber wählten sie im Extremfall den gemeinsamen Freitod.

Andererseits muss die Gemeinde Jesu äußerst wachsam sein, dass sie sich nicht nur auf eine „Wir feiern Jesus!"-Euphorie versteift und dabei das Kommen Jesu aus dem Blick verliert und ihre Kampfbereitschaft einbüßt. Darauf wartet der Feind, denn schließlich hat die Gemeinde Jesu nicht mit Fleisch und Blut zu kämpfen, sondern mit überirdischen Mächten der Finsternis (Epheser 6,12). Die Gemeinde Jesu – und auch Israel – wurde für den Kampf ausgerüstet und nicht fürs Feiern.

Als Mose und Josua auf dem Berg Sinai hörten, dass im Lager mit dem Volk etwas nicht stimmte, nahm Josua an, dass der Lärm Kriegsgeschrei sei. Mose antwortete darauf, dass das kein Kriegslärm, sondern ausgelassenes Feiern sei. Mose hatte recht und das Volk befand sich in einer gefährlichen Situation, denn es war nicht auf der Hut, einen Überraschungsangriff des Feindes abzuwehren. Sie dachten nur ans Feiern, auch wenn sie das „Wir feiern Gott!" nannten. Die Aufgabe des Gottesvolkes aber heißt: „Allezeit kampfbereit sein!", denn ehe der Feind zum Angriff übergeht, lenkt er diejenigen ab, die er besiegen will und das geschieht – wie in diesem Fall – durch fromm aussehende, ausgelassene Manöver.

Als Mose das goldene Kalb und die „Gott-Feiernden" sah, war er darüber dermaßen erzürnt, dass er die von Gott beschriebenen Gesetzestafeln zerschmetterte. Aus der hebräischen Sprachwurzel dieses „lodernden Zornes" (32,19) kann man herauslesen, dass die göttliche Inschrift, die Gott mit feurigem Finger in die Tafeln eingraviert hatte, vorher von den Tafeln verschwand. Denn jede fromme Freude, die nicht gepaart ist mit absolutem Gehorsam dem Willen Gottes gegenüber, wird zu einer leeren Hülse, die zu nichts mehr nütze ist, als vernichtet zu werden.

Als Mose erfuhr, dass Gott sein Volk wegen des Goldenen Kalbes vernichten wollte, zerstörte er sofort das goldene Kalb. Er zermalmte es zu Staub, streute den Goldstaub ins Trinkwasser und gab den Israeliten dieses Goldstaubwasser zu trinken. Damit wurde dieses Wasser zum Fluchwasser, das einer beim Ehebruch ertappten Frau gemäß 4. Mose 5 zu trinken gegeben wurde. In diesem Fall waren die Israeliten der Untreue überführt. Sie hatten ihren Schwur, Gott immer treu zu bleiben, gebrochen. Dass dies ein „Ehebruch" war, schien selbst Aaron nicht bewusst gewesen zu sein.

Doch nachdem Mose das goldene Kalb vernichtet hatte, warf er sich vor dem Herrn nieder und bat um Gnade, damit Gott seine Drohung, die Israeliten zu vernichten, nicht wahrmachte. Damit kommt Moses Natur als Hirte zum Vorschein, der sich für „verlorene Schafe" einsetzt. Mose erreichte mit seinem Einsatz die bis dahin höchste Stufe der Fürbitte, denn als Gott die Menschen wegen ihrer zum Himmel schreienden Bosheit durch eine Sintflut untergehen lassen wollte, bat Noah nicht um Gnade für die Menschen, sondern brachte nur sich selbst und seine Familie sowie paarweise die Vertreter der Tierwelt in Sicherheit. Und als Sodom und Gomorra vernichtet werden sollten, setzte sich Abraham nur für die Rettung der zehn Gerechten ein, die Restlichen überließ er ihrem Schicksal.

Mose dagegen ging so weit, dass er Gott bat, falls dieser seinem Volk nicht vergeben würde, auch ihn aus dem Buch des Lebens zu streichen. Auch als Gott ihm anbot, nach der Vernichtung der abtrünnigen Israeliten mit Mose ein von Grund auf neues Volk zu gründen, blieb Mose bei seiner Bitte um bedingungsloses Erbarmen und ließ nicht locker, bis Gott ihm zusagte: „Ich vergebe nach deinem Wort" (4.Mose 14,20). Das ist auch der Satz, der heute noch am Versöhnungstag Jom Kippur, nach dem die Juden Gott um Vergebung ihrer Sünden gebeten haben, ihnen zugesagt wird „Ich vergebe nach deinem Wort!".

Im Neuen Testament finden wir diesen Hirtengeist auch bei Paulus, der in Römer 9,3 schrieb: „Lieber wollte ich selbst durch einen Fluch aus der Gemeinschaft mit Christus ausgestoßen werden, wenn ich dadurch meine Brüder, meine Volksgenossen nach dem Fleisch (die Israeliten), retten könnte." Leider ist von der Gesinnung des Mose und des Paulus nicht viel übriggeblieben. Anstatt sich für die Juden bzw. für Israel einzusetzen wenden sich viele sogenannte Christen gegen Gottes auserwähltes Volk. Gott sagt aber über sein Volk, dass eher die festen Ordnungen des Himmels und der Erde vergehen werden, als dass sein Bund mit Israel aufhören wird. Denn „ich will die gesamte Nachkommenschaft Israels nicht verwerfen wegen alles dessen, was sie begangen haben – spricht der HErr" (Jeremia 31,35-37), denn „ich werde meinen Bund mit Israel in Ewigkeit nicht brechen" (Richter 2,1).

Dennoch: Wenn man bezüglich des goldenen Kalbes alle menschlichen Ausreden und Entschuldigungen, alle humanistischen und psychoanalytischen Erklärungen und alle theologischen Deutungen hört, könnte man zu dem Ergebnis kommen, dass alles gar nicht so schlimm war. Die Israeliten taten dies doch aus ihrer Hilflosigkeit heraus, denn was sollten sie ohne Mose machen – und der Stierrücken blieb doch als Platz für den unsichtbaren Gott leer. Außerdem hat Gott seinem Volk doch vergeben. Sie sind also noch einmal mit einem blauen Auge davongekommen und auch das Trinken des Goldstaubwassers als Zeichen des Ehebruchs hat ihnen nicht geschadet. Was soll's, es war nur eine peinliche Entgleisung, die irgendwann in Vergessenheit gerät. Genau dies aber war der große Betrug des goldenen Kalbes.

Es stimmt, Gott hat die Israeliten nicht vernichtet. Das goldene Kalb aber war und blieb in den Augen Gottes Sünde, eine Sünde, die in ihrer Schwere gleich nach dem Sündenfall rangiert. Daher entgingen die Israeliten nicht ihrer verdienten Strafe. So erhielten die Leviten, weil sie nicht vor dem goldenen Kalb niedergefallen sind, den Auftrag, mit dem Schwert durch das Lager der Israeliten zu ziehen und alle zu töten, die das goldene Kalb angebetet hatten. Ferner brach eine Seuche aus, die Tausende Israeliten hinwegraffte. Wie erklärt man den Leidtragenden dieses Strafgerichts die humanistischen und theologischen Argumente, die das goldene Kalb entschuldigen?

Unter den Folgen dieses Goldenen-Kalb-Betruges mussten noch viele Generationen leiden, denn der Tag, an dem sie das goldene Kalb aufstellten und vor ihm niederfielen, war gemäß jüdischem Kalender der 17. Tammus. Und genau am 17. Tammus wurde 586 v. Chr. der erste und ebenso am 17. Tammus 70. n. Chr. der zweite Tempel zerstört. Der 17. Tammus war auch 1492 der Tag, an dem Tausende Juden durch die Inquisition in Spanien auf Scheiterhaufen verbrannt oder aus Spanien vertrieben worden sind. Und während der Jahre des Holocausts war der 17. Tammus jeweils ein Tag besonders grausamer Verbrechen gegen das jüdische Volk.

Dass Mose länger ausblieb als erhofft, war eine Prüfung Gottes für das Volk. Mose musste so lange ausbleiben, bis die Zweifler verzweifelten und zu einer abwegigen Selbsthilfe griffen. Auf diese Weise wurde die Spreu vom Weizen getrennt. Es wurden jene, die sich betrügen ließen, weil sie keinen standhaften Glauben hatten, von jenen getrennt, die wussten, dass das, was Gott zugesagt hat, eintreffen wird, auch wenn es sich verzögert. Doch das Böse an der Geschichte mit dem goldenen Kalb ist, dass es dafür so viele Entschuldigungen gibt. Und genau auf diese Entschuldigungen baut der Betrug auf, der die Israeliten damals und uns heute erneut bedroht.

Es vollzieht sich wieder eine Polarisierung in pro und kontra Erwartung. Die einen versuchen in ketzerischer Weise Tag und Stunde der Wiederkunft Christi zu errechnen – was Gott strikt verboten hat (Apostelgeschichte 1,7-8) – und die liberalen Juden und Christen erwarten keinen Messias und wenn ja, dann nur einen politischen Friedensmacher. In vielen Kirchen wird die Wiederkunft Jesu gar nicht mehr gepredigt mit dem Hinweis: Jesus sollte schon vor 2000 Jahren wiederkommen und ist bis heute nicht gekommen.

Daraus folgern sie, dass die Lehre seiner Wiederkunft tot sei, genauso wie man Mose für tot erklärt hatte.

Nach 2000 Jahren Kirchengeschichte, die in Wahrheit nichts anderes als die Wartezeit auf die Wiederkunft Christi ist, steht die Gemeinde Jesu heute vor der gleichen Herausforderung wie damals die Israeliten, die auf Mose warteten und irgendwann ihre Hoffnung auf sein Kommen aufgegeben hatten.

Wieder bahnt sich ein großer Betrug an. In unserer Zeit nicht mittels eines goldenen Kalbes aus Tausenden Ohrringen, dafür aber durch tausend anderer kleiner Dinge, die uns von unserer wahren Berufung ablenken. Das Feiern gefällt uns besser als die notwendige Bereitschaft, den guten Kampf des Glaubens zu kämpfen. Dem Feind ist es bereits gelungen, unsere Gesellschaft in eine Spaßgesellschaft umzufunktionieren. Davon ist auch ein Großteil der Christenheit befallen. Man meint, Gott habe uns aus dem Sklavenhaus der Sünde herausgeführt, damit wir nun feiern und tanzen können. Damit aber setzen wir uns der Gefahr aus, von der unerwarteten Wiederkunft überrascht zu werden. Das wird fatale Folgen haben. Frommer Selbstbetrug ist schließlich der schlimmste Betrug.

Wenn man die historischen Betrügereien betrachtet, staunt man, dass der Mensch nichts hinzugelernt hat:

- Kaiser Konstantin setzte die hellenistische Christenheit an die Stelle Israels, was zum Antijudaismus führte.
- Mohammed ersetzte die Bibel durch den Koran und

setzt damit Ismael an Isaaks Stelle. Damit übertrug er die jüdische Heilslinie auf die Moslems.

- Robespierre führte die atheistische Weltordnung der Vernunft ein. Seine „menschenfreundliche Wohlfahrtsgesellschaft" ließ in Frankreich das Blut wie nie zuvor in Strömen fließen.
- In der Zarenzeit erschienen in Russland die „Protokolle der Weisen von Zion", eine der größten antisemitischen Fälschungen, die je gegen Juden verfasst wurden und immer noch gegen Juden verwendet werden.
- Einer der größten Betrüger der Weltgeschichte war Hitler, der nach der Weimarer Anarchie in Deutschland eine sogenannte „Zucht und Ordnung" einführte, durch die viele Christen geblendet wurden.
- Doch die eigentlich Schuldigen waren die, die ihm geglaubt haben, wie zum Beispiel der britische Premierminister Chamberlain, der nach dem „Münchner Abkommen" mit Hitler am 29. September 1938 ausrief: „Peace in our time - Frieden in unserer Zeit!" Nur sechs Wochen später brannten am 9. November 1938 Deutschlands Synagogen und nur elf Monate später begann am 1. September 1939 der Zweite Weltkrieg, der 55 Millionen Menschenleben forderte.
- Alle bisherigen Betrügereien steigerten sich, bis sie einmal im großen Betrug des Antichristen münden, der die gesamte Welt verführen wird.

Im Grunde läuft alles nach dem Muster des goldenen Kalbes. Nur weil damals Mose länger ausblieb als vermutet und heute der Messias länger ausbleibt als erwartet, greift man zu

Notlösungen, die von den Klerikalen genauso wie von Menschenrechtlern gutgeheißen werden. Am Ende stellen sie sich aber als Betrug heraus, der die gottlose Menschheit ins Verderben reißt.

In Matthäus 25 lesen wir das Gleichnis von den fünf klugen und den fünf törichten Jungfrauen. Auch sie mussten lange auf das Kommen des Bräutigams warten. Als er dann aber ganz plötzlich erschien, hatten die törichten Jungfrauen kein Öl mehr in ihren Lampen, um ihm entgegengehen zu können. So baten sie die klugen Jungfrauen, ihnen Öl zu geben. Da aber sagten die klugen Jungfrauen „Nein!". War das lieblos? Nein, denn hätten sie von ihrem Öl etwas abgegeben, hätte es weder für die klugen noch für die törichten Jungfrauen gereicht. Und genau daran krankt die Christenheit. Sie will es allen recht machen und ist zu kompromissfreudig. Um die Ungläubigen nicht vor den Kopf zu stoßen, macht sie Glaubensabstriche. Das führt dazu, dass hinterher, wenn der Messias erscheint, weder die so genannten Christen noch die, um deren willen sie Kompromisse gemacht haben, das von Gott verheißene Ziel erreichen.

GESCHICHTE ISRAELS in DATEN

3760 v. Chr.	Erschaffung der Welt
2003 v. Chr.	Noahs Sintflut
1820 v. Chr.	Abraham soll Isaak opfern
1270 v. Chr.	Auszug der Israeliten aus Ägypten
1000 v. Chr.	König David
961 v. Chr.	Salomo baut den ersten Tempel
586 v. Chr.	Beginn der babylonischen Gefangenschaft
515 v. Chr.	Einweihung des zweiten Tempels
167 v. Chr.	Makkabäer-Aufstand
70 n. Chr.	Zerstörung Jerusalems und des Tempels
135 n. Chr.	Niederlage des Bar-Kochba-Aufstandes
388 n. Chr.	Byzantinische Herrschaft in Eretz-Israel
500 n. Chr.	Fertigstellung des babylonischen Talmuds
638 n. Chr.	Moslems ziehen in Jerusalem ein
1099 n. Chr.	Kreuzfahrer erobern Jerusalem
1857 n. Chr.	Erste jüdische Siedlung in Eretz-Israel
1897 n. Chr.	Herzls erster Zionistenkongress in Basel
1948 n. Chr.	Proklamation des Staates Israel
1967 n. Chr.	Altstadt Jerusalem wieder in Israels Händen

Das HINKEN auf BEIDEN SEITEN

Die meisten Menschen möchten nicht auffallen, möchten nicht anders sein als ihre Umwelt: Sie möchten, angefangen von der Kleidung bis hin zur Frisur, im Trend der Zeit sein. Darüber hinaus wird mehr und mehr alles genormt, angefangen vom DIN-A4-Papier bis hin zur Form und Größe der EU-Banane. Die Globalisierung fordert internationale Einheitsnormen.

Dieser äußere Zeitgeist macht sich auch im Glaubensleben vieler Christen bemerkbar. Man scheut Konfrontation, kuschelt sich lieber in die Kissen der Tradition. Und wenn ich von Tradition spreche, meine ich nicht nur die orthodoxen Traditionen der katholischen Kirche oder die aus der Zeit Martin Luthers, sondern auch die jungen Traditionen der freien Christengemeinden und der Charismatiker, die eben noch durch aktive Mission auffielen, dann aber, sobald sie eine gewisse Größe erreicht haben, sich oft nur noch um öffentliche Anerkennung bemühen. Wer sich um öffentliche Anerkennung bemüht, muss zwangsläufig Kompromisse machen und damit Glaubensabstriche in Kauf nehmen, Bekenntnisse verleugnen, für die er früher gekämpft hat. Man schließt Kompromisse, weil man sonst nicht in die Glaubensnorm der Ökumene passt oder nicht als *Körperschaft des öffentlichen Rechts* (KdöR) anerkannt wird und keine Steuervergünstigungen bekommt. Man schließt Kompromisse, denn schließlich hat alles seinen Preis.

Es ist leichter, Gottes Forderungen zu ignorieren, als die Forderungen der Ökumene abzulehnen. Wer nicht die Aufnahmebedingungen der Ökumene erfüllt, wird nicht aufgenommen – das ist ein Fakt. Wer Gottes Forderungen nicht erfüllt und meint, dies mittels liberaler Auslegung rechtfertigen und umgehen zu können, deutet die Bibel einfach humanistisch um und verliert damit sein klares Profil. Dabei übersieht er, dass Gottes Forderungen auch Aufnahmebedingungen sind, denn Jesus sagte in Matthäus 7,21, dass nur die, die den Willen seines Vaters tun, ins Himmelreich eingehen werden.

Dass zu den Aufnahmebedingungen unbequeme Dinge gehören, das lesen wir z.B. in Matthäus 16,23 und in Markus 8,33: Petrus möchte Jesus vor dem Weg ans Kreuz bewahren und rät Christus brüderlich: „Das widerfahre dir nur nicht!" Daraufhin wendet Jesus sich um und antwortet: „Satan, weiche hinter mich, denn du meinst nicht, was göttlich ist, sondern was menschlich ist". Das heißt, menschlich-humanistische Gedanken sind nicht unbedingt Gottes Gedanken.

Das ist die große Selbsttäuschung, die uns eine platonische Theologie einsuggeriert, in der Gottes Forderungen an uns nicht als reale Forderungen angesehen werden und wir meinen, sie müssen von uns nicht *so* ernstgenommen und erfüllt werden. Zum Beispiel erscheinen uns Aufnahmebedingungen zur Körperschaft des öffentlichen Rechts viel wichtiger. Nun kommen Christen und sagen, dass Christus für sie die Aufnahmebedingung erfüllt hat.

Halt! Das ist eine Halbwahrheit, denn im Neuen Testament, nicht im Alten Testament, lesen wir: „Hat der Glaube keine Werke aufzuweisen, so ist er an sich selbst tot" (Jakobus 2,17) und: „Daran erkennen wir, dass wir aus Gott geboren sind und dass wir ihn lieben, indem wir seine Gebote erfüllen" (1. Johannes 5,2). Gnade ist kein Freibrief, alles tun und lassen zu dürfen, was uns gefällt, sondern Gnade ist der Schlüssel, das tun zu können, was Gott von uns fordert. So gibt es nur ein Entweder-Oder: Gottes Willen zu tun oder nur davon zu reden.

Jesus warnte seine Jünger:

> „Nicht alle, die HErr, HErr, zu mir sagen, werden ins Himmelreich eingehen, sondern nur, wer den Willen meines himmlischen Vaters tut. Viele werden an jenem Tage (d.h. am Tage des Gerichts) zu mir sagen: ‚HErr, HErr, haben wir nicht kraft deines Namens prophetisch geredet und kraft deines Namens böse Geister ausgetrieben und kraft deines Namens viele Wundertaten vollführt?' Aber dann werde ich ihnen sagen: ‚Niemals habe ich euch gekannt; hinweg von mir, ihr Täter der Gesetzlosigkeit!'" (Bergpredigt: Matthäus 7,21-23).

Hier werden Dinge aufgezählt, die sich jede christliche Gemeinde wünscht, dass sie bei ihnen geschehen. Jesus sagt hier, dass diese Zeichen in der Kraft seines Namens geschehen sind, also nichts Okkultes von unten waren. Und dennoch werden sie verworfen. Warum? Weil sie Täter der Gesetzlosigkeit waren, weil sie mit dem Gesetz Gottes nichts mehr zu tun haben wollten. Sie wollten vom Gesetz los sein und glaubten fälschlicherweise, die Freiheit in Christus habe sie über den Willen Gottes erhoben. Sie haben das Gesetz Gottes für sich als Neutestamentler als überholt angesehen. Dabei lesen wir im ersten Johannesbrief 2,7: „Geliebte, nicht ein neues Gebot gebe ich euch, sondern es ist das alte Gebot, das ihr von Anfang an gehabt habt".

Wenn der Schabbat zu Ende ist, feiern wir Juden den *Hawdala* – den Unterscheidungssegen. Da wird ein Kelch mit Wein gefüllt, sodass er überfließt, denn nur wenn wir selber überfließenden Segen haben, können wir davon abgeben und anderen ein Segen sein. Ferner wird eine Kerze, die aus drei oder mehr zusammengeflochtenen Kerzen besteht, entzündet. Sie leuchtet viel heller als herkömmliche Kerzen, denn nur wenn unser Licht heller leuchtet als die Weisheit dieser Welt, haben wir der Welt etwas zu sagen. Dazu wird die *Bessomim*-Büchse mit wohlriechenden Gewürzen aufgestellt, denn unser Gott wohlgefälliger Wandel ist der Wohlgeruch, der uns als Gottes Kinder legitimiert. All das soll uns von jedem Motzei-Schabbat (Schabbat-Ausgang) an über die ganze Woche hinweg daran erinnern, dass wir Gottes Kinder sind, die keine Gemeinschaft mit den Ungläubigen haben sollen, nach dem Motto: Wir sind zwar in der Welt, aber nicht von der Welt.

Im Hawdala-Gebet heißt es u.a.:
> „Gelobt seist du Ewiger, unser König und König der Welt, der unterschieden zwischen Heiligem und Unheiligem, zwischen Licht und Finsternis, zwischen Israel und den Völkern".

(für Christen: „zwischen der Gemeinde Jesu und der Welt")

Bei Gott gibt es nur Licht oder Finsternis, bei Gott gibt es nur Heiliges oder Unheiliges. Ein Dazwischen gibt es bei Gott nicht! Daher rief der Prophet Elia die Israeliten auf, nicht mehr auf beiden Seiten zu hinken, entweder Gott oder dem Götzen Baal nachzufolgen. Als Zeichen dafür, dass es nur *einen* Gott gibt, sollte Feuer vom Himmel fallen (1. Könige 18). Elia war sich seiner Sache so sicher, dass er befahl, Wasser auf den Altar zu gießen. Er half dem Feuer nicht mit Öl nach, sondern wusste, dass bei Gott kein Ding unmöglich ist, und so fiel Feuer vom Himmel und verzehrte das Wasser und das Opfer.

Wir hätten aus Angst, dass kein Feuer vom Himmel fallen könnte, mit den abtrünnigen Baals-Priestern verhandelt und uns auf einen Kompromiss geeinigt. Elia jedoch forderte sie heraus, sich für oder gegen Gott zu entscheiden, denn ein Dazwischen gibt es bei Gott nicht. Elia forderte von den Israeliten die Einhaltung des Gebotes: „*Ich* bin der HErr (JHWH), dein Gott … du sollst keine anderen Götter haben *neben* mir" (2. Mose 20,3). Es bleibt also kein Spielraum für andere Götter und seien sie noch so philosophisch und gottähnlich ausgedacht. Daher ist jedes Hinken auf zwei Seiten ein Affront gegen Gott; jede Koexistenz mit anderen Göttern bedeutet Abfall von dem alleinigen und einzigen Gott des Himmels und der Erde. Gott zählt nicht nur, was wir getan haben, sondern vielmehr, was wir nicht getan haben, und dazu gehört, dass wir nicht heiß oder kalt waren, sondern lau. Das bedeutet, dass der HErr uns aus seinem Munde ausspeien wird (Offenbarung 3).

Elia warnte die Israeliten, nicht auf beiden Seiten zu hinken. Das Problem unserer Gesellschaft ist, weil alle hinken, meint jeder, er gehe richtig. Das Hinken auf beiden Seiten ist zur Normalität geworden, denn wenn alle in ihrem Glauben wankelmütig sind, fällt die eigene Wankelmütigkeit nicht mehr auf. Darum ist es heute notwendiger denn je, die Menschen zu einer klaren Nachfolge aufzufordern, die keinen Spielraum mehr für Dinge lässt, die nicht von Gott gewollt sind. Zur gleichen Zeit sollen wir das lieben, was Gott liebt und auserwählt hat, und das ist, ob es uns passt oder nicht, – Israel, denn die Zeichen der Zeit sagen uns deutlich, dass Gott sich wieder seinem auserwählten Volk Israel zuwendet.

Wer sehende Augen hat, erkennt:
Mit Israel geht es aufwärts,
mit der Welt geht es abwärts –
und beides zusammen verrät:
mit der Gemeinde Jesu geht es bald heimwärts.

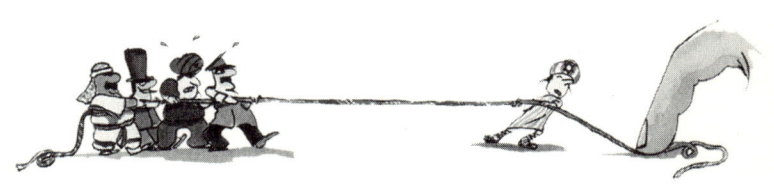

Weitere Bücher von Ludwig Schneider aus dem Hänssler Verlag

100 FRAGEN AN ISRAEL

100 Antworten auf vielgestellte kontroverse Fragen: Was Sie schon immer über Israel und die Juden wissen wollten.

Taschenbuch, 11 x 18 cm, 128 Seiten, s/w-Abb., ISBN 978-3-7751-2678-6

BRENNPUNKT JERUSALEM

In zwölf Kapiteln wird Jerusalems Vergangenheit, Gegenwart und Zukunft anhand von nachprüfbaren Fakten spannend beschrieben.

Taschenbuch, 11 x 18 cm, 160 Seiten, ISBN 978-3-7751-3933-5

SCHLÜSSEL ZUR THORA

Wie legten die Urchristen oder Juden die Thora, die fünf Bücher Mose, aus? Diese 2000 Jahre lang verschüttete Welt kommt hier neu ans Licht, aufgeteilt in 54 Wochen-Kapitel.

Taschenbuch, 11 x 18 cm, 256 Seiten, ISBN 978-3-7751-3398-2

77 LEBENS-PUZZLE

Humorvolle, geistreiche und spannende Erlebnisberichte zeigen: Gott ist erlebbar.

Taschenbuch, 11 x 18 cm, 160 Seiten, ISBN 978-3-7751-4400-1

Bitte fragen Sie in Ihrer Buchhandlung nach diesen Büchern!
Oder schreiben Sie an:
SCM Hänssler, D-71087 Holzgerlingen; E-Mail: info@scm-haenssler.de